공부, 가르치지 말고
코칭하라

공부, 가르치지 말고 코칭하라
아이의 학습 DNA를 깨우는 새로운 길

초 판 1쇄 2025년 09월 29일

지은이 방미연, 이상미
펴낸이 류종렬

펴낸곳 미다스북스
본부장 임종익
편집장 이다경, 김가영
디자인 윤가희, 임인영
책임진행 안채원, 이예나, 김요섭, 김은진

등록 2001년 3월 21일 제2001-000040호
주소 서울시 마포구 양화로 133 서교타워 711호
전화 02) 322-7802~3
팩스 02) 6007-1845
블로그 http://blog.naver.com/midasbooks
전자주소 midasbooks@hanmail.net
페이스북 https://www.facebook.com/midasbooks425
인스타그램 https://www.instagram.com/midasbooks

ⓒ 방미연, 이상미, 미다스북스 2025, Printed in Korea.

ISBN 979-11-7355-510-7 03370

값 19,500원

※ 파본은 구입하신 서점에서 교환해드립니다.
※ 이 책에 실린 모든 콘텐츠는 미다스북스가 저작권자와의 계약에 따라 발행한 것이므로 인용하시거나 참고하실 경우 반드시 본사의 허락을 받으셔야 합니다.

미다스북스는 다음세대에게 필요한 지혜와 교양을 생각합니다.

공부, 가르치지 말고
코칭하라

아이의 학습
DNA를 깨우는
새로운 길

방미연 이상미 공저

미다스북스

추천사

『공부, 가르치지 말고 코칭하라』는 교육 현장에 새로운 활력을 불어넣을 필독서라 확신하며, 깊이 있는 지식과 오랜 경험을 담은 이 책의 출간을 진심으로 축하드립니다.

오늘날 우리 사회는 지식의 전달을 넘어, 학습자 개개인의 잠재력을 끌어내는 '학습 코칭'의 중요성을 절감하고 있습니다. 이 책은 학습 코칭의 본질을 명확히 제시하고, 이론을 넘어 실제 교육 현장에서 적용 가능한 구체적인 방법론을 체계적으로 담아냈습니다.

이 책의 가장 큰 강점은 저자의 뛰어난 통찰력과 현장 경험에서 우러나온 실용성에 있습니다. 독자들은 복잡한 이론 대신, 바로 내일 수업에 적용할 수 있는 실질적인 코칭 기술과 사례를 만나볼 수 있습니다. 교사, 부모, 그리고 학습 코칭에 관심 있는 모든 이들에게 이 책은 훌륭한 나침반이 될 것입니다.

저자의 깊은 고민과 열정이 고스란히 담긴 이 책이 많은 이들에게 학습의 즐거움을 되찾아주고, 우리 교육의 밝은 미래를 여는 데 크게 기여하리라 믿습니다.

고려대학교 대학원 아동코칭학과 교수 **민철홍**

교육의 새로운 패러다임이 요구되는 시대, 이 책은 단순한 지식 전달을 넘어 아이들의 잠재된 '학습 역량'을 깨우는 그 혁신적인 변화의 시작을 알리는 지침서입니다.

저자들은 '가르침의 시대'가 끝나고 '코칭의 시대'가 왔음을 선언하며, 아이의 동기, 사회정서, 행동, 인지라는 네 가지 핵심 역량에 주목합니다. 586세대 부모와 Z세대 아이들의 간극을 좁히고, 개별화된 접근을 통해 아이의 기질과 생체시계를 이해하도록 돕습니다. 나아가 성적보다 중요한 뇌의 작동 방식에 대한 탁월한 통찰은 우리에게 새로운 교육의 방향을 제시합니다.

이 책은 아이의 마음을 읽고, 목표를 함께 설정하며, 메타인지 능력을 길러주는 실질적인 코칭 가이드가 될 것입니다. 자녀와의 진정한 소통을 통해 아이가 스스로 배우는 힘을 기르고, 잠재력을 꽃피우길 바라는 모든 부모님께 이 책을 강력히 추천합니다.

학습 코칭 전문가 협회 이사 **최원미**

학습의 본격 시작 단계인 초등학생의 우울감 지수가 높아져 가는 현실 앞에서….
오늘도 고민하며 건강한 공부를 코칭하고 싶은 내가 만난 반갑고 알찬 매뉴얼들이
설렌다!

학습 코칭 전문가 · 감동 조이 잉글리쉬 원장 **이유미**

두 코치님의 깊은 통찰과 따뜻한 시선이 담긴 이 책은, 학습의 길에 마음의 힘을 더
해주는 든든한 길잡이입니다.

학습 코칭 전문가 · 부밀리 어학원 원장 **노혜정**

"공부하라 해도 의욕은 없고, 집중력·기억력은 금세 떨어지는 우리 아이…. 어떻게 하면 좋을까요?"

교육 현장에서 매일같이 들리는 이 고민들. 해결의 열쇠는 단순한 '공부법'이 아니라, '학습 역량'에 있습니다.

이 책은 두 명의 학습 코칭 전문가가 풍부한 현장 경험을 바탕으로, 뇌과학·심리학·교육 정책 변화를 한눈에 볼 수 있게 풀어냈습니다. 집중력·기억력·동기·정서·자기조절 같은 핵심 학습 역량을 키우는 실전 팁 또한 가득합니다. 아이의 학습 부진 원인을 정확히 짚고, 당장 적용할 수 있는 코칭 전략을 찾고 있다면 이 책이 가장 빠르고 확실한 길잡이가 될 것입니다.

부모, 교사, 코치 모두에게 지금 꼭 필요한 '학습 리셋 버튼'이 여기 있습니다.

전국 교육청·학교·기관이 선택한 학습·부모코칭 전문가
(사) 학습코칭전문가협회 이사·훈민에듀코칭 대표·작가·KPC 코치

김선희

이 책은 단순한 공부법 안내서가 아닙니다. 세대 간의 간극과 달라진 학습 현실을 날카롭게 짚어내며, 아이들의 성장을 위한 새로운 교육 패러다임을 제시합니다. 상담심리사이자 교수로서 저는 이 책이 학습에 지쳐 혼란스러워하는 아이들과, 답답함 속에 압박만 주던 부모 모두에게 든든한 길잡이가 되어 줄 것임을 확신합니다.

상담심리사 · 교수 **이효덕**

앎이란 무엇인가? 배우고(學) 익히는(習) 것이다. 스스로 익히는 시간은 생략된 채 배우는 시간이 과다하다 보니 학습이 이루어졌다고 착각하기 쉬운 요즘이다.
학습 코칭은 카메라도 줌인, 줌아웃하는 것처럼 학습 과정 속 역량을 점검하고, 학습해 보며 수정하고 피드백한다. 티칭이 아니라 코칭이 필요한 이유가 담긴 이 책을 추천한다.

초등교사 **김혜미**

기계가 인간처럼 학습하고 추론하는 이 시대. 우리는 아이를 어떻게 키워야 할까? 우리가 반드시 길러주어야 할 인간의 고유 역량은 무엇일까? 결국 교육은 어디를 향해야 할까?

시대가 변해도 변하지 않는 진짜 인재(人材) 양성에 관심이 있는 사람이라면 누구나 읽어야 할 실천서.

아동학 박사
(전) 인천연구원 전임연구원
(현) 초록우산 어린이재단 선임연구원
이수현

프롤로그

공부가 두려움이 아닌
성장의 이름이 되기를

"선생님, 애가 집에서는 통 공부를 안 해요."
"핸드폰만 붙들고 살아요."
"공부 얘길 꺼내기만 하면 화를 내요."
"선생님이 우리 애한테 공부 좀 하라고 말씀 좀 해 주세요. 좀 도와주세요."

요즘 내가 가장 많이 듣는 학부모님들의 하소연이다. 예전에도 부모님들의 걱정 섞인 도움 요청은 많았지만, 내용은 달랐다.

"영어 지문을 더 쉽게 외울 방법이 있을까요?"
"밤에 공부하는 게 나을까요, 아침에 일찍 일어나서 하는 게 나을까요?"

그때 부모님들의 고민은 공부를 더 잘하는 방법이었다. 하지만 지금은 아이들이 아예 공부를 시작하지 못한다는 게 가장 큰 문제가 되어 버렸다.

솔직히 말하면, 나도 처음으로 '포기하고 싶은' 아이들이 있었다. 아무리 애를 써도 변하지 않는 모습을 보며 목 끝까지 차오른 말은 "나는 너를 못 가르치겠어. 다른 학원으로 가주라."였다.

아이들이 밉기도 했고, 무엇보다 그런 마음을 품은 나 자신이 싫었다. 무력감 속에서 힘겨워하던 나에게, 공동 저자인 방미연 선생님이 '학습 코칭'을 알려주셨다. 아이의 마음과 태도까지 함께 다루는 코칭은 마른 땅에 내리는 단비처럼 내게 다시 힘을 주었다.

'어느 누구도 포기하지 않는 아름다운 학습 동행'이라는 코칭을 배우며, 더 이상 아이들을 포기할 핑곗거리가 없다고 생각하니, 마침내 행복해졌다.

나는 이제 '혼자서 해내라.'라는 자기주도 학습의 구호만으로 아이들을 몰아세우지 않는다. 그것은 아이들에게 기대하지 않겠다는 뜻이 아니다. 아이들에게 "혼자서 해내라."라는 무거운 짐을 지우지 않겠다는 것이다. 스스로 서기 어려울 때 곁에서 끝까지 함께 걸어줄 동행자가 필요하기 때문이다.

결핍 속에서 "공부가 곧 성공"이라 믿었던 우리 세대와 달리, 지금의 아이들은 풍족함 속에서 오히려 왜 공부해야 하는지의 이유를 찾지 못한다. 그리고 부모님들 또한 아이를 어떻게 공부시켜야 할지 막막해한다. 공부하고 싶지만 시작조차 힘든 아이들, 방법을 몰라 헤매는 아이들, 동기를 찾지 못해서 제자리에서 방황하는 아이들, 그리고 아이를 어떻게 도와야 할지 길을 찾지 못하는 부모님들에게 이 책이 작은 등불이 되길 바란다.

학습 코칭은 단순한 요령이나 비법이 아니라, 왜 공부해야 하는지, 어떻게 배움의 체력을 길러야 하는지를 안내하는 새로운 길잡이다. 시집 출간 프로젝트에서 만난 방미연 선생님은 내게 학습 코치의 길을 열어주셨다. 그리고 다시 책 출간을 제안해 주셨다. 늘 생각만 하고 실행에는 서툰 내가 이렇게 글을 쓰고 있노라니, 선생님이 하나님께서 내게 주신 특별한 선물이라 여겨진다.

코칭 수업에서 만난 민철홍 교수님은 "코칭은 단 한 사람도 포기하지 않는 아름다운 동행"이라 말씀하셨다. 그 가르침은 내가 걸어온 길에 확신을 주었고, 아이들의 소중함을 새롭게 깨닫게 했다. 스스로 성장하시며 믿고 따를 수 있는 코치를 만난 것은 내게 축복이다.

내가 가르치는 아이들은 내 진심을 알아준다. 영어 실력이 오르는 것은 물론이고, 나는 그들이 자신이 원하는 삶을 멋지게 살아내기를 바란다. 많은 아이가 중학교 1년으로 시작해 고등학교 3학년 졸업까지 함께한다. 그 성장의 여정을 함께할 수 있는 나는 참 복이 많은 사람이다.

언제나 내가 제일 멋지다고 응원해 주는 남편과 나를 늘 특별한 엄마라고 해주는 지인, 찬민, 세인이는 내가 하는 모든 노력의 이유이다. 이들이 있어서, 이들을 위해서 늘 힘을 내어 나를 업그레이드한다.

마지막으로 이 책을 선택한 당신께 전하고 싶다.
공부라는 단어가 두려움이나 강요의 또 다른 이름이 아니라, 성장과 동행의 이름이 되기를 바라는 마음. 그 길을 함께 걸어 줄 당신을 만났으니, 나는 참 복이 많은 사람이다.

저자 **이상미**

프롤로그

공부 앞에서 멀어진 마음
다시 이어주기 위하여

자녀는 말한다.
"공부는 하기 싫은데, 잘하고 싶어."

부모는 말한다.
"공부가 답인데, 넌 왜 안 하니?"

짧은 한마디의 대화 속에 오늘 우리의 교육 현실이 고스란히 담겨 있다. 공부를 잘하고 싶지만 이유도 모른 채 힘겹게 버티는 아이들. 계획은 세우지만 막상 실행 앞에서 멈추는 아이들. 목표 없는 하루를 반복하는 아이들. 그리고 성적이 오를수록 오히려 불안에 휘청이는 아이들.
    과연 이 아이들에게 정말 필요한 것은 무엇일까?
    학원을 더 다니게 하는 것일까? 더 촘촘한 훈육과 간섭일까?
    아니다. 아이들에게는 먼저 '마음을 이해해 주는 어른'이 필요하다. 아이 스스로 왜 집중하지 못하는지, 무엇에 지치고 힘들어하는지, 계획은 잘 세우지만 왜 실행까지 이어지지 않는지를 함께 들여다봐 줄 사람이 필요하다.

　이제는 단순히 '가르치는(teaching) 시대'가 아니라, 마음과 실행을 끌어내는 '코칭(coaching)의 시대'다. 주도성을 잃은 채 방황하는 아이들 앞에서 부모의 다그침은 갈등만 키운다. 서로의 마음은 점점 멀어지고, 상처는 깊어진다.
　세대가 달라졌다. 결핍 속에서 "공부가 곧 성공"이라고 믿으며 달려왔던 우리와 달리, 지금의 아이들은 풍족함 속에서 오히려 '왜 해야 하는지'의 이유를 찾지 못한다. 지식 한 번으로 평생을 버틸 수 있었던 과거와 달리, 오늘의 아이들에게는 지속적인 학습과 적응이 생존의 조건이 되어 버렸다. 이 다름을 인정하지 못한다면, 부모와 자녀는 같은 집에 살면서도 서로 다른 세계에서 외롭게 살아가게 된다.

　하지만 분명한 진실이 있다. 아이들은 변화를 원하고, 부모는 그 변화를 도울 수 있는 유일한 사람이라는 사실이다. 부모가 먼저 시대를 읽는 눈을 가지고 훈계보다 공감을, 다그침보다 이해를 선택할 때 아이는 다시 배움의 길로 걸어 나갈 힘을 얻는다.
　학습 코칭은 그 길을 함께 걷도록 이끄는 새로운 패러다임이다. 학교와 학원은 '무엇을' 배워야 하는지를 알려주었지만, 정작 '어떻게' 배워야 하는지는 가르쳐 주지 않았다. 그래서 많은 아이들이 방법을 몰라 시간과 마음을 소모하며 지쳐가고 있다.

축구를 하려면 먼저 체력이 필요하듯, 공부에도 기초 체력이 필요하다. 아이의 동기, 정서, 행동, 인지라는 네 가지 힘을 살펴보고, 어떤 부분이 부족한지 진단하고 채워주는 것, 그것이 학습 코칭의 시작이다. 그리고 그 여정을 곁에서 함께 걸어주는 이가 바로 학습 코치다.

이 책은 아직 '학습 코칭'이라는 말을 낯설어하는 부모님들, 그리고 공부는 하고 싶지만 방법을 몰라 방황하는 아이들을 위해 쓰였다.
단순한 공부 요령이나 성적 향상을 위한 비법이 아니라, 왜 공부해야 하는지, 어떻게 하면 효율을 높일 수 있는지, 시간과 감정을 어떻게 다스려야 하는지를 담았다. 그리고 실제 코칭을 통해 변화된 아이들의 이야기를 함께 실었다.
부디 이 책이, 부모와 아이가 함께 공부의 진짜 의미를 되찾는 작은 불씨가 되길 바란다.
공부라는 단어가 더 이상 두려움이나 강요가 아닌, 성장과 동행의 다른 이름이 되기를 소망한다.

끝으로, 학습 코칭이라는 세계의 문을 열어주신 고려대학교 교육대학원 아동코칭학과 민철홍 교수님께 깊은 감사를 드린다. 이 길을 함께 걸어 주신 이상미 선생님께도 진심 어린 고마움을 전한다. 그리고 무엇보다 언제나 "괜찮아. 한번 해봐."라고 말해주며 내 곁에서 지지와 사랑을 아끼지 않는 남편과 수아, 온유에게 이 글을 바친다.

저자 **방미연**

추천사

추천사　005
프롤로그　011

1부 달라진 세대, 새로운 공부의 법칙

세대의 간극, 달라진 아이들의 세상 — 1장

❶ "유튜버가 꿈이에요."　025
❷ 2022 교육 개정안의 숨은 메시지　032
❸ 자기주도 학습은 죽었다　038
❹ 일론 머스크는 왜 교장이 되었을까?　046
❺ 가르침의 시대에서 코칭의 시대로　052

모든 아이는 다른 엔진으로 달린다 — 2장

❶ 쌍둥이도 다른 이유: 개별화의 중요성　069
❷ "의존적인 아이 VS 독립적인 아이"　073
❸ 성향따라 달라지는 공부법: MBTI 활용 가이드　076
❹ 모든 뇌는 다르게 배운다: 기질별 학습 전략　092
❺ 아이마다 다른 공부 리듬: 생체시계 활용하기　102

2부 아이를 성장시키는 네 가지 역량

성장의 불꽃을 일으키는 이유의 힘 - 동기 — 3장

1. 영어 금쪽이가 올 100을 맞은 이유 — 111
2. 아무것도 하기 싫다는 말의 진짜 뜻 — 113
3. 동기를 만드는 힘 — 117
4. 성적보다 중요한 뇌의 작동 방식 — 121
5. 특별한 속도로 배우는 아이들: 느린 학습자(Slow Learner) — 129
6. 학습 열정에 기름 끼얹기 — 137

흔들림 없는 관계의 힘 - 사회정서 — 4장

1. 왜 지금 사회정서 역량인가 — 145
2. 나를 아는 만큼 성장한다: 자기 인식 — 153
3. 흔들리지 않는 아이의 비밀: 자기 관리 — 164
4. 공부를 뛰어넘는 경쟁력: 공감 능력 — 170
5. 다시 일어서는 법을 배우다: 회복 탄력성 — 179

계획을 현실로 바꾸는 실행의 힘 - 행동 ·········· 5장

❶ 시간을 내 편으로 만들기: 시간 관리의 기술　　　　185
❷ 꿈에서 목표로, 목표에서 현실로: 목표 설정법　　　　196
❸ 오늘의 계획이 내일의 기적을 만든다　　　　212
❹ 작심삼일을 지속으로 바꾸는 공부 시스템　　　　228
❺ 연료를 관리하는 아이는 멀리 간다　　　　236

생각을 확장하는 배움의 힘 - 인지 ·········· 6장

❶ 머리에 오래 남는 공부의 비밀　　　　243
❷ 공부가 진짜 내 것이 되려면　　　　257
❸ 공부가 머릿속에 착착 정리되는 비법　　　　261
❹ 머리에만 두면 반쪽 공부, 꺼내야 완성된다　　　　267
❺ 생각의 주인이 되는 마지막 기술　　　　272

1부

달라진 세대, 새로운 공부의 법칙

세대의 간극,
달라진 아이들의 세상

"과거의 지도가 달라진 미래의 길에선 통하지 않습니다."

1

"유튜버가 꿈이에요."

25년 동안 아이들에게 영어를 가르쳐 오면서 참 재미있는 것은, 5년 단위로 세대가 달라지는 걸 직접 체감했다는 것이다. 긍정적인 쪽으로 달라졌으면 좋으련만 적어도 공부라는 측면에서만 본다면 상황은 그 반대이다.

가장 큰 변화들을 살펴보면 아래와 같다.

공부의 이유를 잃어가는 아이들

아이들은 점점 더 공부를 왜 해야만 하는지에 대한 이유를 잃어버렸다
나의 부모 세대와 내가 속한 세대까지만 해도 공부는, 유일하진 않아도 우리에게 성공을 보장해 주는 가장 큰 기회 중 하나였다. 공부를 잘하건 못하건, 공부는 당연히 해야 하는 것이었고, 일단 잘하고 봐야 하는 것이라서, 공부로 줄을 세우면 누구나 그 서열에 순복할 정도였다. 공부에 대한 당위성은 흡사 종교에서의 굳건한 믿음 같은 것이었다.

하지만, 시대는 달라졌다. 유튜브나 SNS에서 기괴한 행동을 하거나 이슈 몰이만 하여도 많은 조회 수가 달성되고, 그로 인해 막대한 부와 명성을 얻을 수 있다. 과거에는 문제아들의 전유물처럼 치부되던 직업들, 예를 들어, 댄서와 같은 직업의 경우, 이제는 그 재능과 예술적 가치를 인정받아 다양한 예술 분야에서 활동하며, 많은 이들의 선망의 대상이 되기도 한다.

그뿐인가. 많은 인기와 부를 지닌 유명 연예인들도 학창 시절에는 공부를 그다지 잘하는 학생이 아니었다고 고백하는 경우가 허다하다. 재수도 3수도 아닌 5수를 한 유튜버가 연예인보다 더 큰 인기를 끌며 그 어떤 강사나 교사보다도 청소년들에게 더 많은 영향력을 미치기도 한다. 대학을 나오지 않았어도 맛집으로 성공하거나, 코인이나 주식투자로 단번에 큰돈을 벌어들인 이들의 이야기도 세간의 이목을 집중시키기에 충분하다.

공부를 잘해서 성공을 거둔 이들의 이야기보다는 이렇듯 다른 길로 성공한 이들의 이야기들이 그 특별함으로 인해 대중매체에 더 많이 노출된다. 사정이 이렇다 보니 아이들은 '공부를 잘해야 성공한다.'를 등식이 성립하는 공식으로 이해하기가 쉽지 않다. 아이들에게는 오히려 '굳이 공부를 해야만 해?'라는 질문이 훨씬 더 자연스러울 것 같다.

이렇듯 우리 시대의 아이들은 성공으로 가는 방식에 대한 본질적인 이해가 기존 부모 세대와는 달라진 지 오래다. 따라서 성공과 공부의 연결성을 찾기란 쉽지가 않다.

결핍의 부재로 탄생한 새로운 세대

　시대가 풍족해질수록, 학습 열정은 반비례한다.
　송길영 교수는 그의 책 『시대예보: 핵개인의 시대』에서 '기존 세대에게 이질감을 느끼게 하며 갈등을 빚는 다음 세대가, 실은 결핍의 부재로 특징지어지는 시대의 산물'이라고 말하고 있다.
　다시 말해 물질적으로 풍요로워진 시대는 결핍의 부재를 낳았으며, 이는 아이들에게 절대적으로 해결해야 하는 문제가 더는 존재하지 않는다는 것을 의미한다. 과거에는 물질의 결핍이 가장 근본적인 문제 중 하나였고, 그 결핍을 극복하기 위해 좋은 직장과 성공이 필요했으며, 이를 위한 가장 빠르고도 정확한 방법이 '공부'였다. 하지만, 부모의 돈으로 모든 것을 할 수 있게 된 아이들에게는, 더는 아무것도 문제로 인식되지 않아 자연스럽게 현실에 만족하며 문제 해결력마저 잃어버린 세대가 되었다.

　풍족한 환경 속에서 "이미 갖추어진 것"에 익숙해지다 보니 학습을 통해 더 나아져야 할 필요성과 같은 '내재적 동기'가 약화되어가고 있는 것이다. 또한 물질의 풍족은 또 다른 방식의 결핍을 초래했는데, 이는 아이러니하게도 사교육의 확대를 통해서이다. 2019년 생활시간 조사 결과에 따르면 2014년부터 '0교시'로 불리던 아침 자율학습과 보충수업이 사라지면서 고등학생의 학습 시간은 50분, 중학생은 44분, 초등학생의 경우 34분이 줄어들었다고 한다.

그런데 고등학생의 학습 시간을 구체적으로 살펴보면 학교 활동 시간은 5년 전보다 1시간 31분이 줄었는데, 학교 외 시간은 41분이 늘어났다고 한다. 학교 수업이 줄어든 대신 사교육이 증가한 것으로 분석된다. 사교육의 확대와 사교육에 대한 의존은 학습의 주체를 학생이 아닌 강사로 옮기면서 학생들이 갖춰야 할 자기주도 학습 능력을 크게 약화시켰다.

짧아진 콘텐츠, 짧아진 집중력

짧아진 디지털 콘텐츠가 아이들의 사고력과 의지를 약화시킨다.

스마트폰의 과도한 사용이 청소년들의 학업 무기력을 초래하며, 청소년들의 집중력을 떨어뜨리고 있다는 우려는 어디에서나 들을 수 있다. 런던대학교(UCL) 뇌인지 발달 연구소의 팀 스미스 교수가 주도한 연구에서, 어린 나이에 스마트폰이나 태블릿과 같은 터치스크린 기기를 장시간 사용하면 아이들의 향후 집중력이 쉽게 떨어지는 결과를 확인했다. 이는 2021년에 『사이언티픽 리포트(Scientific Reports)』지에 게재되었다.

요즘 아이들이 가장 많이 소비하는 콘텐츠는 숏폼이다. 이렇게 짧은 영상들을 멈추지 못하고 보느라 2~3시간을 훌쩍 넘기는 아이들이 증가하고 있다. 짧은 영상들은 순간적인 흥미를 주지만, 그만큼 뇌는 강한 자극에 빠르게 길들여진다. 문제는, 이러한 환경이 아이들의 생각을 얕게 만들고, 집중 시간도 짧게 만든다는 데 있다.

태국의 초등학생 528명을 조사한 결과, 숏폼 영상을 많이 시청한 아이일수록, '부주의 점수'가 높았다. 특히 연령이 낮을수록 부정적인 영향이 두드러졌다고 한다. 중국 심천에서 진행된 초등학교 1,000여 명을 대상으로 한 연구는 숏폼 이용이 주의력 저하를 거쳐 학업 성취 감소로 이어진다는 것을 밝혀냈다고 한다. 미국에서는 2,500명이 넘는 청소년을 2년간 추적하여 조사했는데, 디지털 활동이 많을수록 시간이 지난 후 ADHD 증상을 보고할 위험이 컸다는 것이다. 2019년 1월 17일에 발표된 [1]BBC 뉴스코리아의 기사에서는 매일 7시간 이상 스마트 기기를 사용한 9~10세 아동의 대뇌 피질이 평균보다 얇아졌고, 이는 기억, 집중, 언어 등의 감각을 담당하는 부위에 영향을 줄 수 있다고 보도했다. 또한, 매일 2시간 이상 스마트 기기를 사용한 아이들은 언어 및 수리 시험에서 낮은 점수를 받았다고 한다. 이는 단순히 '집중을 못 한다'의 차원이 아니라, 주의를 조절하는 뇌의 기능 자체가 영향을 받을 수 있다는 의미로 해석된다.

이외에도 디지털 기기의 이른, 그리고 장기간의 사용은 우리 아이들에게 부정적인 영향을 미쳐왔다는 보고와 기사들이 차고도 넘친다. 디지털 기기와 영상에 무차별적으로 노출되어 이미 그날그날의 도파민과 에너지를 다 사용해 버리니, 고통과 인내가 필요한 공부 의지를 갖기가 어렵다. 이것은 이미 청소년들 본인들도 잘 알고 있는 사실이다. 문서를 읽고, 사고하고, 문제 해결을 위해 노력하는 대신에 즐거움으로만 뇌를 중독시킨 후, 혹 공부

---

[1] "스마트폰 : 전자기기가 어린아이에게 끼치는 영향" – 미국 국립보건원(NIH)

를 하겠다는 의지를 갖게 된다고 하더라도, 어떻게 공부를 시작해야 하는지, 무엇을 공부해야 하는지 알 수가 없다. 책을 펴도, 무슨 말인지를 인지조차 하지 못하게 되어가고 있다.

노력보다 운명이 앞선다고 믿는 아이들

초등부의 한 아이가 수업 중 물었다.
"선생님은 '금수저'신가요?"
"글쎄, 선생님 집은 특별히 가난하지도 않고, 그렇다고 부자도 아니었기 때문에, 굳이 말하자면 '쇠수저'이려나?"

그러고 나서, 난데없는 질문의 이유를 물으니 "선생님은 공부를 잘하셨을 테니까, 금수저이신가 했죠."라는 대답이 돌아왔다. 아이가 공부를 잘하는 것과 금수저를 연관 지어 생각한다는 것이 다소 의아해서 다른 아이들의 반응도 살펴보니, 친구의 질문이 얼토당토않다는 것이 아니라, 자기들도 조금은 궁금했던 터라는 표정이었다.

최근 조사 결과에 따르면 많은 청소년이 부모의 경제적 지원과 사회적 지위가 자신의 성공에 결정적인 역할을 한다고 인식한다고 한다. 이는 기회가 불평등하다는 체념으로 이어져, 자신의 노력만으로는 성공이나 계층 이동이 어렵다는 정서가 우리 아이들에게 지배적이라는 것을 시사한다. 모두는 아니라 할지라도 우리 아이들의 상당수가 계층 간의 불평등을 인식하고 있으며, 이것이 가정 배경에 따른 것이라는 생각을 갖고 있기도 하다는 것이다. 따라서 자신의 미래가 정해져 있기 때문에, 공부나 노력을 통해 자신의 삶을 가꾸려 하지 않을 이유가 아이들에게 더해진 셈이다.

또한, 고학력자의 실업률이 높아지고 있는 것도 우리 아이들의 공부 당위성을 무기력하게 만들고 있다. 과거 특정 학교들로의 진학과 졸업은 좋은 기업 취직에 대한 보증수표였다. 하지만 요즘은 박사 학위를 지닌다고 해도 현실은 암울하다. 얼마 전 뉴스 보도에 따르면 고학력자들의 실업률이 사상 최대를 기록했다고 한다. 박사 학위 수여자 10명 중 3명이 직업이 없는 상태라는 것이다. 청년 실업률 전체가 높아지는 가운데, 고학력자들을 위한 양질의 높은 임금 일자리도 부족한 상태이다. 보건, 복지나 교육, 경영 행정 그리고 법 전공자는 상대적으로 무직자 비율이 낮았으나, 기술의 발전과 AI를 활용한 자동화 등이 확산되면서 이러한 분야 또한 언제까지나 취업이 보장될 것이라고 볼 수도 없다.

이렇게 소위 공부하지 않아도 되는(?) 혹은 공부가 그 가치를 지니지 못한다는 사회 분위기 속에서 우리 아이들에게 '공부=성공'이라는 공식은 옛날이야기에 지나지 않는다. 아이들은 다양한 미디어 매체들을 통해서 그들의 부모들보다도 더 빠르게 '공부하지 않아도 되는, 공부할 수 없는' 이유를 찾아내고 그 이유에 익숙해지고 있다.

2

2022 교육 개정안의 숨은 메시지

성적보다 역량

교육부는 2028 대학입시 제도 개편안을 발표했다. 2025년을 기준으로 고1이 된 학생들부터 적용되는 내용이며, 이른바 고교학점제라 불리는 이 입시제도는 학력평가에서 수능으로의 전환만큼이나 큰 변화라고 평가된다. 주요 내용은 기존 내신 9등급 평가에서 5등급 평가로 변경된다는 것과 기존의 문과, 이과의 구분을 없앤다는 것이다. 아울러 고교 3년 동안 학생이 본인이 '원하는 과목'을 선택하여 192학점을 이수해야 졸업할 수 있는 시스템이다.

주어진 과목을 공부하는 것이 아닌, 내게 필요한 과목을 전략적으로 선택해야 한다. 이 교육제도는 기존과는 많은 부분이 달라서, 내가 가르치는 중3에서 고1이 되는 학부모님들의 고민이 이만저만이 아니었다. 이 걱정을 덜어드리고자 지난겨울, 개정안에 대해 많이 공부한 뒤 입시 설명회를 여러 차례 개최하여 도움을 드리기도 했다.

　기존의 교육제도와 비교할 때 상당한 변화가 있으나, 교육 개정안의 핵심을 이해하면 세부적인 변경 사항에 접근하기 쉽다. 이 교육 개정안의 내용을 요약하면 '**맹목적으로 성적을 받기 위한 공부만 하지 말고, 개개인의 진로를 고민하여, 진짜로 필요한 것들을 공부하기. 즉, 방향성을 가지고 고교 시절을 보내며 대입을 준비할 것.**'이다. 가장 주요한 변화이자 주요 사항인 5등급 평가는 변별력의 약화를 초래하여, 수능 최저 등급 반영제도가 대학별 학생 선발의 필수요소가 될 것이라는 전망이 나온다. 따라서 수능시험은 그 자체만으로 대학을 갈 수 있게 하는 것이 아니라, 변별력의 도구가 되는 셈이다. 기존의 내신 위주의 성적을 반영하는 수시라든지, 수능만으로 대학을 갈 수 있게 되는 정시만으로 입시를 치른다는 개념도 사라진다.

　또한, 이것은 성적 이외에도, 학생들을 평가할 다양한 변별 도구들을 요구하므로, 학생 자신이 개별적으로 또한 전략적으로 자신의 '진로에 관련된' 성적을 내야 한다. 그뿐만 아니라, 진로 관련 연구 및 다양한 활동을 통한 성과들을 준비하여, 이를 세부 특기 사항에 자료로 잘 남겨야 한다는 것을 의미한다. 간단히 말해, **고교진학 전에 진로 및 진학(대학 및 학과) 목표를 정하고, 고교 3개년 동안, 이것에 대한 의지와 열정을 가지고 실질적인 준비(관련 공부)를 하라는 것이다.** 따라서 예전처럼 성적에 맞추어 대학에 가는 것이 아니라, 내가 가고 싶은 대학과 학과를 정하여 그 대학과 학과가 추구하는 인재상 및 연구 방향에 맞춰 공부하고 준비해야 하는 것이 교육 개정안의 골

자라 할 수 있다.

공부 본질 회복의 취지와 준비되지 않은 현실

이러한 교육 개정안의 취지는 공부의 본질로 돌아가자는 것으로 해석된다. 대학에 가서 얼마 지나지 않아 학과가 마음에 들지 않는다는 이유로, 자퇴하거나 반수를 통해 이내 학교를 옮겨버리는 일들을 주변에서 쉽게 볼 수 있다. 그도 그럴 것이 지금까지의 교육제도에서는 진로를 미리 고민하기보다는 '일단 공부해. 공부를 잘하면 다 해결된다.'라는 식의 논리가 지배적이었다. 그렇다 보니, 학생들은 본인의 적성 및 관심사에 대해 충분히 고민하고 이를 탐색하는 시간을 가지기는커녕 좋은 성적 내기에만도 시간이 부족했다. 그래서 대학에 들어가서 비로소 본인의 관심사 및 적성을 깨닫고 다시 공부하게 되는 상황들이 많이 발생한 것 같다. 이제는 더 이상 공부를 위한 공부가 아닌, 진정으로 자기 자신을 위해서 자기 자신을 알고 본인에게 필요한 공부를 해야 한다.

하지만, 공부와 진학에 대한 본질로 돌아가자는 좋은 취지에도 불구하고, 지금껏 과도한 경쟁 속에서 좋은 성적 내기에 급급하여 자기 자신에 대한 진지한 고민이나 인지 없이 그저 공부해 왔던 학생들과 학부모님들에게 이번 교육 개정안은 적잖이 당황스러운 소식이다.

성적을 위한 공부, 나를 잃어버린 공부

나는 1급 전문가 자격증을 가진 학습 코치이다. 학습 코치는 학생들의 학습에 관련된 역량(인지, 동기, 정서, 행동)들을 검사를 통해 정확히 진단한다. 그 후, 약점이 되는 역량들을 강화하도록 학습 전반에 관한 활동을 돕는다. 아이들의 학습을 도울 뿐만 아니라, 궁극적으로는 아이들이 삶을 긍정적으로 탄탄하게 살아가도록 돕는 사람이다. 학습 코치와 코칭에 관하여는 뒷부분에 자세하게 다룰 예정이다.

바뀐 개정안에 대해 설명하며 학생들을 코칭하다가, 아이들에게 학교에 다니는 것이 즐겁냐고 물었다. 아이들은 시험만 없다면 학교에 다니는 것은 즐겁다고 했다. 그래서 시험이 없어져서, 시험을 준비할 시간에 학원을 다니지 않게 된다면, 무엇을 하겠냐고 물었다. 그리고 현재 삶에서 시간적으로 가장 많은 부분을 차지하는 것이 무엇인지도 물었다. 아이들은 모두 학원에 다니는 시간이 자신들의 생활에서 가장 많이 차지한다고 했다.

당시 4명의 아이 모두, 그 시간에 다양한 책을 읽어보고, 많은 생각을 하며 무슨 일을 하며 먹고 살지(어떤 진로를 가질 것인지)에 대해 진지하게 고민해 보고 싶다고 했다. 그리고 가능하다면 그런 것들을 경험하는 데에 시간을 쓰고 싶다고 했다. 당연히 좀 더 놀고 싶다든지, 잠을 충분히 자고 싶다는 대답이 나올 것으로 예상했던 나는 적잖이 놀랐다. 아이들은 실제로 자신들의 미래가 고민이기도 하지만, 이것을 위해 충분히 생각하고 정보를 검색하며 알아갈 시간이 없음이 더 큰 두려움이라고 했다.

아이들은 학원을 전전하며 하루 대부분의 시간을 성적 관리에 쏟아붓는다. 그러다 보니 정작 자기 자신을 깊이 들여다보고, 미래에 대해 사색하는 시간은 빼앗기고 만다. 누구나 자신만의 길을 걸어야 한다고 말하지만, 현실은 모두 같은 시간표 위에 갇혀 달리고 있는 셈이다. 아이들 자신도 학원에서 문제를 푸는 시간만큼이나, '나는 어떤 삶을 살고 싶은가.'를 묻는 시간이 절실함을 느끼고 있다. 코칭 교사로서 나는 그 간극이 늘 안타깝다. 아이들이 자기 삶을 설계하고 꿈을 키워가는 주체로 서기를 바라기 때문이다.

입시 현실에서 성장을 돕는 코칭

그럼에도 불구하고 대학 입시는 여전히 우리 아이들이 맞닥뜨려야 할 현실이다. 제도가 조금씩 바뀌고 방향이 조정된다 해도, 입시는 대한민국 모든 학생이 피할 수 없는 길목이다. 이 현실을 무시하거나 외면한다고 해서 사라지는 것도 아니다. 아이들은 결국 이 제도 안에서 자신의 진로를 고민하고, 길을 찾아야 한다. 그렇게 주어진 현실에서 성적만을 위한 공부가 아니라, 진정한 성장을 위한 역량을 기를 방법을 모색해야 한다. 입시는 어쩌면 시험이라는 이름으로 주어진 성장을 향해 가는 관문이다. 그 관문을 지나가되, 거기에만 매몰되지 않는 힘이 필요하다. 자신의 역량을 키우며 입시를 '활용'할 수 있다면, 그것이 진정한 성장의 길이 된다. 바로 그때 코칭은 아이들에게 방향을 제시하고 균형을 잡아주는 역할을 한다. 입시의 굴레

속에서도 자기 삶과 방향을 주도할 수 있게 만드는 힘, 그것이 코칭이 지니는 의미이다.

③
자기주도 학습은 죽었다

자기주도 학습의 한계와 새 패러다임

 인터넷에서, 여러 개의 충전기 연결선들을 마치 뇌파 측정 장치처럼 이마에 붙여두고, 선의 다른 부분들은 각 교과서에 붙여둔 뒤, 잠들어 있는 아이를 본 적이 있는가? 두 손을 가지런히 모으고 눈을 질끈 감고 기도하듯 잠들어 있는 아이가 얼마나 귀엽던지, 또 아이의 마음이 얼마나 간절히 전해지던지, 한참을 웃으며 바라봤던 기억이 난다.

 그렇게 해서 모든 지식이 머릿속으로 들어온다면야 더할 나위 없이 좋겠지만, 안타깝게도 공부는 저절로 되는 법이 없다. 개념과 내용 파악을 위한 문해력, 끊임없는 반복, 이것을 견뎌낼 수 있는 엉덩이 힘에, 때론 포기해야 하는 잠까지… 공부는 참 쉽지가 않다. 게다가 결핍이 결여된 시대에서 우리 아이들은 앞서 설명한 내용들을 이유로 '간절함'조차 탑재되어 있지 않아 공부의 원동력이 되는 동기부여조차 이루어지지 않고 있다. 공부를 통해 발전해야겠다는 이유조차 없는 학생들은 단지 공부에 대한 압박만을 느낄 뿐이다. 그래서, 학습을 실행하는 것을 몹시 힘들어하게 되었다. 안타깝지만 우리 아이들이 더는 자기주도 학습을 해낼 역량이 없다는 것을 우리는 받아들여야만 한다.

학습이란 배움과 익힘의 합성어이다. 학교나 학원에서 배우고 이를 익혀야만 하는데, 우리 아이들은 학습을 위한 힘(역량)이 많이 약화되어 있는 것 같다.

코로나가 남긴 학습의 공백

게다가 코로나19 당시 팬데믹으로 인해 아이들은 원치 않는 사회적 고립을 경험하게 되었다. 이로 인해 우리 아이들은 정서적 발달에 어려움을 겪고 있다는 우려가 제기되었다. 이를 증명하는 많은 연구와 사례 중에서, '유아기의 또래 놀이 행동이 사회적 유능감 및 초등학교 적응에 미치는 종단적 영향'에 관한 연구가 있다. 이 연구에서 만 3세 시기의 또래 놀이 행동이 만 6세의 사회적 유능감과 초등학교 적응에 유의미한 영향을 미친다는 결과를 보였다고 한다. 비단 이런 고립감뿐 아니라, 코로나 이후 아이들이 여러 상황, 특히 학습 상황에서 느끼는 스트레스와 불안으로 인해 학습 능력이 저하되고 있는 것으로 드러났으며 이러한 우려는 우리 아이들의 학습에서 서서히 현실로 나타나고 있다.

자기주도 학습의 시대는 끝났다

아이들은 공부해야 하는 이유를 내면적으로 느끼지 못하고, 공부에 대한 방법을 이해하지는 못한 채, 외부 압박(부모, 교사, 대학 입시) 때문에 억지로 해내는 경우가 많다. 누구나 그러하듯이, 자신의 관심사나 목표가 명확하지 않으면, 자발적으로 학습할 동기가 떨어진다. 또한, 우리나라의 교육 시스템이 많이 개선되었다고는 하나, 여전히 학생들은 정답을 외워 시험을 보는 방식에 익숙해져, 스스로 탐구하고 문제를 해결하는 능력이 많이 결여되어 있는 상태이다. 거기에 즉각적인 보상을 주는 디지털 콘텐츠에 빠르게, 이전보다 훨씬 이른 시기부터 익숙해져 가기 때문에, 장기적인 목표를 가지고 공부하는 게 힘들어진 지 오래다.

자기주도 학습은 말할 것도 없이 학생 본인이 주체가 되어야 하지 않은가? 자기의 공부 능력을 스스로 파악해야 하고, 본인이 가지는 학습에의 장점과 약점을 알아야 하며, 이에 맞는 공부 계획을 세우고, 이것을 실천해 봐야 한다. 물론 시행착오를 겪기도 하겠지만, 그 과정을 통해 자기만의 공부 방법을 깨닫고 발전하도록 하는 것이 문자 그대로의 자기주도 학습이다. 최근 몇 년 사이 내가 가르치는 아이들이 자주 하는 질문 중의 하나가 바로 "공부해야 한다는 것은 알겠는데, 뭘 공부해야 할지 모르겠어요.", "고3이 되었으니 공부를 하라는데, 어떻게 공부하는 건가요?"이다.

많은 학생이 효과적인 학습계획을 세우는 법을 배우기보다는, 어려서부터 부모나 교사가 정해주는 학습계획을 따르다 보니, 이를 스스로 해내는 능력이 결여되어 있다. 게다가 실패를 허용하지 않고 경쟁만 부추기는 교육 문화는 학생들의 도전 의지를 오히려 꺾어버리기 쉽다. 그렇다 보니, 아이들은 실패를 회피하려는 상황에 자주 놓인다.

그리고 무엇보다 요즘 우리의 청소년들은 시간이 없다. 고민하고, 계획하며 문제를 해결해 나가기 위해서 절대적으로 필요한 것은 시간인데, 학교와 학원 수업, 숙제, 시험 준비 등이 반복되는 상황 속에서 본인의 삶을 위해 고민하고 사색할 시간은커녕, 스스로의 학습을 위한 시간조차 확보하기가 쉽지 않다. 그저 주어진 공부나 학원 숙제만을 해내기에 급급하게 되고, 학습의 주도권은 이미 학생에서 강사로 넘어가 버렸다.

상황은 이러한데, 상담 오시는 어머님들은 아이가 자기주도 학습을 하지 못하는 것이 답답하다는 말씀들뿐이다. 도대체, 이렇게 이렇게 공부하면 될 것 같은데 왜 공부를 안 하는지 모르겠다고들 하신다. 이러한 시대와 아이들에게 주어진 환경의 변화는 고려되지 않은 채, 이 세상의 모든 아이는 당연히 자기주도 학습이라는 능력을 지니고 있다는 전제하에 하시는 말씀들 같다. 이렇다 보니 가정에서는 공부를 왜 안 하냐며, '왜 너만 자기주도 학습이 안 되냐'고 다그치시는 부모님들과 공부하는 방법을 모르고 시간도 없는데 '해내라고' 강요받는 아이들의 갈등은 당연히 일상이 될 수밖에 없다.

전교 1등이 놓친 진짜 공부법

요즘 '티쳐스'라는 학습에 관한 코칭 프로그램이 화제다. 다양한 학생들이 공부에 대한 여러 어려움을 느끼며 전문가의 도움을 의뢰하면, 전문가들은 의뢰 학생의 성적과 공부하는 방법, 생활 등을 관찰한다. 관찰을 통해 학습에 문제가 되는 부분을 발견하고, 이에 대한 개선 방안을 제시한다. 학생은 그 방법을 따라서 전문가와 함께 공부하며 성적을 향상시키게 되는 과정을 보여주는 것이 주요 내용이다. 이 프로그램을 보면 당연히 성적이 부진하거나, 공부하는 방법을 모르는 학생들만 의뢰할 것이라고 생각하지만, 실제로는 공부를 잘한다고 '생각'했던 아이들도 도움을 요청하는 경우가 잦다. 스스로 잘하고 있다고 생각했으나, 여러 문제점이 발견되어 이를 수정하고 제대로 된 공부로 도약하는 기회로 삼는 경우도 많다.

한번은 학교에서 전교 1등을 하는 학생이 티쳐스에 나온 적이 있다. 내신 성적이 모두 1등급인 이 학생이 도대체 무엇이 아쉬워서 나왔을까 궁금해서 더 주의를 기울이며 봤다. 내신은 모두 1등급이지만, 수능 모의고사 성적은 중위권 정도에 머물렀다. 전문가인 티쳐들이 학생의 공부법과 일상을 지켜보며 1등이라는 위치에 대한 칭찬은 일절 하지 않았고, 모의고사 성적이 중위권이라는 부분에 주목하며 우려를 내비쳤다.

단지 성적 자체만으로 지적받은 건 아니었다. 전문가들이 본 이 학생의 공부의 문제점은, 내신 점수를 지키기 위해서 암기에만 급급했다는 것이었다. 그래서 종합적인 사고력이 필요한 수능 모의고사 성적이 좋지 않았던 것이다. 그리고 자기 자신의 학습의 장점과 단점을 명확히 파악할 기회를 갖지 못했기 때문에 '자기 객관화'가 미흡했다는 진단을 받았다. 그렇다 보니, 학생이 어마어마한 시간을 들여서 공부는 했지만, 결국엔 본질을 놓친 시간 낭비가 되어 버렸다. 새벽 3시까지 잠을 줄여가면서, 또 그에 따르는 병치레를 하고 교과서를 30독씩 하면서 공부를 했지만, 적나라하게 드러난 부진한 성적과 멘토들의 부정적이고 날카로운 진단에 학생 당사자는 물론 시청자인 나도 충격을 금치 못했다.

우리 대부분은 이 학생처럼 공부하면 되는 거라고 알고 있었다. 절대적인 학습 시간을 갖고, 미친 듯이 반복하면서 1등급을 지키고, 그에 맞는 입시 전략을 짜서 공부하는 것 외에 무엇이 더 필요할 것이라고는 생각하지 못했다. 프로그램의 멘토들은 개념 이해에 더 많은 시간을 쏟고, 문제를 풀 때 출제자의 의도를 파악할 것을 솔루션으로 제공하며, 단순 반복이 아닌 생각하며 공부할 것을 제안해 주었다. 매우 기억에 남는 에피소드였다.

누구의 공부법이 아니라, 나만의 공부가 필요하다

또 하나, 이 프로그램에는 매우 특이한 점이 있다. 이 프로그램에서 멘토 역할을 하는 티쳐들은 모두 소위 말하는 '1타 강사(1등 스타 강사)'로서, 온라인 강의 및 해당 학원에서 명강의로 이름을 떨치고 있는 분들이다. 이 프로그램에서 1등 강사인 이들의 역할은, 단순히 의뢰 학생들에게 성적 향상을 위해 좋은 수업만 진행해 주는 것이 아니다. 또 학생들에게 성적이 오르는 방법을 제시하고자 할 때, 성적만으로 학생의 모든 것을 판단하지도 않는다. 이 티쳐들은 학생들의 생활을 살피며 각 학생이 가진 학습 역량(강점과 약점) 및 습관을 살핀 뒤, 더하여 성적을 참고하여 분석하고 판단한다. 그런 다음 학생이 버려야 할 태도나 습관을 알려주고, 또는 부족했기 때문에 강화해야 할 학습 역량을 설명하며 이를 실천하도록 한다. 그러한 과정을 날마다 확인해 가며, 그날그날에 필요한 피드백을 전달하여 학생이 변화하고 발전하도록 밀착하여 돕는다.

프로그램상에서 이러한 도움의 과정을 솔루션이라 부르는데, 이러한 솔루션은 모든 학생에게 동일하지가 않다. '좋은 성적'이라는 목표는 모든 학생에게 같은 것이지만, 이 목표를 이루는 방식은 학생마다 다르게 적용된다. 훌륭한 명강의만으로는 학생이 성장할 수 없으며, 학생 저마다 개별적인 이유와 상황으로 인해 학습이 부족했다는 사실을 명확히 인지하고 있다. 그러므로 공부를 해나가는 과정도, 성적 향상도 모든 학생에게 동일한 방식과 환경을 적용해서는 안 된다는 게 이 프로그램에서 이야기하고 있는 또 다른 중요한 메시지 중 하나이다.

이 프로그램의 인기가 굉장한 것을 보면, 이런 문제를 가진 것이 비단 TV에 나오는 소수의 인원만이 아닌 것 같다. 그리고 공부를 어려워하는 학생뿐만 아니라, 잘하는 학생에게도 혼자서 해결할 수 없는 학습적인 어려움은 반드시 존재한다. 이 프로그램과 프로그램의 인기는 우리 학생들이 완벽하게 자기주도하에 학습하기가 쉽지 않다는 것이 우리 시대가 당면한 현실임을 정확하게 보여주고 있다.

④

일론 머스크는 왜 교장이 되었을까?

변화하는 글로벌 교육 트렌드

페이스북의 창업자 마크 저커버그와 스페이스 엑스의 창업자인 일론 머스크는 전 세계에서 가장 유명한 사람들이자, 큰 영향력을 지닌 사람들이라는 공통점이 있다. 그런데 이 공통점 외에 사람들이 잘 모르는 공통점이 하나 더 있는데, 둘 다 미래 대안적 학교를 설립했다는 것이다. 일론 머스크의 학교는 여전히 베일에 싸여 있지만 잘 운영되고 있다. 다만 그의 회사 직원들만 입학할 수 있어, 많은 이들이 가고 싶어도 갈 수 없는 학교가 되었다. 반면 마크 저커버그가 설립한 학교는 실패한 것으로 보인다.

현재 전 세계에서 가장 영향력이 있고, 단순히 영향력이 있을 뿐만 아니라 세상을 바꿔가고 있는 사람 하나를 꼽으라면 단연코 일론 머스크일 것이다. 사람들은 그를 '세상을 바꾼 미친 사람', 또는 '세기의 광인'이라 부른다. 별명에서만 미루어 보더라도 그가 얼마나 특이하고 유별난 사람인지 알 수 있다.

스스로 세운 기준으로 여는 미래

일론이 또래보다 똑똑하다고 생각한 그의 어머니는 그를 일찍이 유치원에 보냈다. 하지만 유난히 덩치가 작았던 일론은 다른 아이들과 소통하는 법을 배우지 못했다. 결국, 어린 일론 머스크는 왕따를 당했다. 그는 혼자 있는 것을 좋아해서 수업에 제대로 참여하지 못했고, 학습적으로 부진하다는 평가를 받기도 했다. 부모의 이혼으로 사회화가 더욱 모자란 그는, 책을 통해 휴식과 안식을 경험하게 되면서 어마어마한 양의 독서에 집중하게 되었다. 이후 캐나다에 있는 대학에 진학하였으나, 학업적 자극을 느끼지 못하고 더 뛰어난 사람들을 만나고 싶다는 의지로 미국의 펜실베니아 대학에 진학한다. 그곳에서 일론 머스크는 뛰어난 학생들과 어울리게 된다. 어려운 프로젝트들을 수행하면서 기가 죽기는커녕 오히려 더 두각을 드러냈다.

대학을 졸업하며 진로를 결정할 때, 사회에 보다 영향력 있는 일을 하기 원했다. 그래서 당시에 가장 큰 영향을 세상에 미치고 있던 인터넷 기업에 입사하고자 하였다. 그러나, 이것이 무산되고 창업을 하기에 이른다. 실패할 수도 있다고 생각했지만, 누가 정해 놓은 일을 시켜서 하는 것보단 스스로 목표를 정하고 또 몰입하기를 원했다는 게 창업의 이유였다. 그는 하고 싶은 일이라면 자신이 번 모든 돈을 다 써도 좋다고 말할 만큼, 원하는 일을 이루기 위해 아낌없이 노력했다. 그 결과, 세계에서 가장 기이하면서도, 동시에 가장 부유하고, 또 가장 큰 영향력을 끼치는 인물 중 하나가 되었다.

두 번째로 일으킨 사업인 페이팔(PAYPAL)에서 더 큰 성공을 거둔 뒤, 다시 창업한 회사에서 사실상 쫓겨나는 상황에 처했을 때도 그는 좌절하지 않았다. 요즘 아이들 말로, "오히려 좋다."라고 여겼다. 그래서 더욱더 스스로가 정말 원하는 것을 쫓으며 본인이 일하기 시작한 본질적인 이유에 집중했다고 한다. 장기적으로 세상에 영향을 미칠 일에 대해 고민하기 시작했고, 우주와 로켓, 화성 탐사에 대해 몰입하며 연구하기 시작했다. 그렇게 만들어 낸 회사가 '스페이스-X'이다.

머스크가 세운, 역량 성장 학교

이렇게 자기만의 기준으로 살아온 일론 머스크는 최근 또 하나의 기이한 행동으로 유명하다. 자기 자녀들이 다니고 있는 학교가 '아이들에게 실질적으로 필요한 것들을 가르치지 않는다.'라는 이유로, 아이들 모두를 다니던 명문 학교에서 자퇴시킨 것이다. 당시 그의 자녀들이 다니던 학교는, 입학을 위해 아이큐를 검사하는 것이 필수 조건일 정도로 오로지 영재 인재 양성을 위해 학습하던 곳이었다. 그런데도 일론 머스크는 이 학교에서의 교육은 시간을 낭비할 뿐이라 결론지으며, 아이들 전원을 자퇴시킨다. 이후 애드 아스트라(Ad Astra: 별을 향하여)라는 학교를 설립하고, 본인의 자녀들과 스페이스-X 직원의 아이들 몇몇만을 교육하는 소수정예 교육기관으로 운영 및 성장시키는 중이라고 한다.

페이스북의 창립자인 마크 저커버그도 역시 학교를 설립한 바 있다. 당시로서는 매우 파격적으로, 학생들에게 태블릿 PC를 이용해 디지털 교과서를 활용하여 수업하게 했다. 그러면서 기존의 학교들과는 차별화된, 미래 대안적인 학교임을 자처하였다. 그러나 이 학교는 얼마 못 가 실패하여 현재는 유지 자체가 의심되고 있는 상황이다. 마크 저커버그 역시 미국 기업인 '메타'의 대표이사이자 의장이다. 막대한 부를 소유하고 있을 뿐만 아니라, 사회관계망을 구축하여 세계 곳곳의 이슈가 실시간으로 드러나게 함으로써, 전 세계를 그야말로 지구촌으로 만드는 데 기여했다. 그는 현재 교육이 가진 단점들을 개선하고, 미래 사회에 대비한 인재를 양성하겠다는 목표를 가지고 자신의 학교를 설립하였다. 그러나 일론 머스크와 달리 크나큰 실수를 하게 되는데, 그것은 바로 그가 학교 설립 시 가장 중요하게 여기며 주장했던 '개별화'의 실패다.

저커버그는 각 학생의 능력치에 따라 학업의 종류와 속도를 정하고 이를 적용하는 수업을 하겠다고 했다. 하지만, 개별적인 태블릿 PC를 나누어 주기만 했을 뿐, 모든 수업과 과제는 동일하게 적용하였다. 또한, 동일한 기준으로 학생들을 평가했다. 이에 저커버그의 수업은 다를 것이라 믿었던 학부모들은 학교를 떠나고 그의 학교는 유명무실해졌다.

성공의 열쇠는 '개별화'

반면에 일론 머스크가 설립한 학교는 아무나 들어갈 수 없다(앞서 언급했듯이, 일론 머스크의 회사인 스페이스 엑스의 직원 자녀들로 입학 대상을 한정했다)는 단점에도 불구하고 많은 이들에게 회자된다. 오히려 그 고유함으로 인해 뭇사람들에게 선망의 대상이 되고 있다. 머스크의 학교는 연령에 제한 없이 3세에서 9세에 해당하는 모든 아이가 함께 수업을 듣는다고 한다. 성적이나 입시 같은 결과물을 내기 위해서 공부하지 않는 것이 가장 큰 특징 중의 하나이다. 또한, 과거 소크라테스의 수업 기법을 적용하고 있다고 한다. 이것은 교사가 일방적으로 강의하는 것이 아니라, 문답식으로 이루어지는 수업으로, 학생에게 환경이나 사회 문제에 대한 상황을 제시하고, 이것에 대한 해결책을 함께 논의하는 식이다. 서로의 견해를 들으며 상황 해결에 관한 역량을 키워가려는 것이 그 목적이라고 한다. 그리고 유대인의 하브루타식 수업을 통해 아이들이 서로에게 영향을 미치며 성장할 수 있게 돕고 있다고 한다.

그런데 이 유일한 학교에서 가장 중요하게 생각하는 요소가 바로 '**개별화**'이다. 학생 수가 적다는 것이 이를 가능하게 했겠지만, 각각의 아이들에게 맞춰 아이들에게 맞는 과제를 내주고, 아이의 흥미와 관심 분야에 맞는 프로젝트를 같이 고민하며 이것을 연구할 수 있도록 지원한다. 남들과 똑같이 배우는 게 아니라, 각자가 궁금해하는 질문에서 배움이 출발한다. 정해진 답을 외우는 게 아니라, 스스로 답을 찾아가는 과정에서 역량이 자라게 한다는 것이 이 학교의 진짜 가치이다. 이러한 수업이 가능한 이유는 학생 개개인의 잠재력 차이를 그 중심에 두고 있기 때문이다. 그래서 틀에 얽매이지 않으며, 스스로 생각하고 만들어가는 힘을 길러주려는 교육의 진정한 가치를 구현할 수 있다. 이러한 방침으로 학교를 운영한 결과, 아무나 갈 수 없으면서도 모두가 가고 싶어 하는 학교가 되었다.

두 학교의 성공 여부를 가름한 것은 다름 아닌 '개별화'이다. **개별화란 말 그대로 모두에게 같은 수업과 학업을 지원하는 것이 아니라, 학생 개개인이 가지는 개별적인 학습에 관련한 역량에 따라 그에 맞는 과제 및 수업을 제공하는 것**을 말한다. 고려사이버대학교 아동코칭학과 교수이자, 한국 학습코칭 전문가협회(KLCA) 부회장인 민철홍 교수에 따르면 학생들이 개별적인 존재이기에 개별화 학습은 당연한 것이라고 한다. 따라서 개별적인 학생들의 각기 다른 '역량'을 명확히 파악하여 이에 맞는 맞춤형 학습을 진행하는 것이 미래 교육의 가장 핵심으로 자리 잡을 것이라고 한다. 아울러 개별화의 핵심은 개인의 역량을 파악하는 것이고, 역량 파악을 통해 자기주도 학습의 힘을 잃은 아이들과 동행하는 학습 코칭이 필요하다고 주장한다.

5

가르침의 시대에서 코칭의 시대로

페이스메이커(pacemaker)는 '속도'를 의미하는 'pace'와 '만들다'라는 의미의 동사 'make'에 'r'을 붙여서 사람이라는 뜻을 더한, 말 그대로 '속도를 만드는 사람'이라는 뜻이다. 실제로는 '중거리 이상의 달리기 경주나 자전거 경기 등에서, 기준이 되는 속도를 만드는 선수'라는 뜻 (표준국어대사전)이다. 우리가 잘 알다시피 마라톤에 페이스메이커들이 존재한다. 오래달리기를 해보면 10km를 뛰는 것도 쉬운 일이 아니라는 것을 알 수가 있다. 그러나 같이 뛰는 사람이 있다면 심리적으로 외롭지 않고, 그를 바라보면서 뛸 수가 있기 때문에 혼자 뛰는 것보다 수월해진다. 이렇게 스포츠에서 페이스메이커가 존재하듯이, 우리 아이들의 학습에서도 이와 같은 페이스메이커가 필요하다. 앞서 언급한 '티쳐스'라는 프로그램의 경우에서도, 명강사들은 단순히 자신들의 주특기인 강의만으로 학생들의 성적 향상을 돕는 것이 아니다. 각 학생의 역량을 파악하고 그에 맞는 개별적 솔루션을 주며, 이것을 스스로 해내라고 강요하지 않고 해낼 수 있도록 다양한 방식으로 돕는다. 다양한 시대적 공간적인 환경의 요인과 학생 저마다의 다양한 이유로 인해 학습 동기가 결핍되고, 자기주도 학습을 잃어버린 시대 속에서 학생들은 "티칭(teaching)을 넘어 코칭(coaching)"이 필요하다.

아플 땐 의사를 찾듯이, 공부가 안될 땐 학습 코칭

몸이 아프면 우리는 병원에 가서 진단을 받고 처방에 따라 약을 먹는다. 물론 스스로 몸 상태를 잘 안다고 생각해 약국에서 감기약이나 소화제를 사서 복용하기도 한다. 하지만 같은 증상이 반복되거나 더 심각해질 때는, 의학적 지식과 경험이 풍부한 의사를 찾아가야만 병이 낫는다.

공부도 다르지 않다. 학생 자신이나 부모가 아이를 누구보다 잘 안다고 해도, 학습 문제 앞에서는 전문가가 아니다. 학습에 어려움이 생겼을 때, 혹은 효율적인 방법을 찾지 못할 때는 당연히 학습 전문가, 학습 코치가 필요하다.

학습 코칭[2]은 학생이 자신의 잠재력을 발견하고, 스스로 성장의 길을 이어갈 수 있도록 돕는 전문적 대화의 과정이다. 의사가 X-ray를 통해 병을 정확히 진단하듯, 학습에서도 먼저 아이의 강점과 약점을 파악하는 것이 시작이다. 그리고 나서 전문 코치는 검사 결과에 맞는 코칭을 설계한다. 학생이 끝내 그것을 해내도록 페이스메이커처럼 곁에서 함께 뛰고, 날마다 확인하며 목

---

2 한국학습코칭전문가협회, 2022

표와 성취에 도달할 때까지 끝까지 동행한다. 이것이 바로 학습 코칭이다.

잠재력을 깨우는 학습 동반자 - 학습 코치

학습 코칭을 담당하는 학습 코치들은 한마디로 '동행자'이다. 아이의 말에 귀를 기울이고, 학습 스타일을 분석하며, 효율적인 학습 방법을 함께 찾는다. 더 나아가 아이가 삶의 주도권을 갖고, 스스로 목표를 세우고 행동하게 만든다. 이 과정에서 아이는 점점 '나는 할 수 있다.'라는 자기 효능감을 경험하고, 진짜 실력을 쌓아가게 된다.

코치는 아이를 비판하거나 통제하지 않는다. 오히려 아이의 내면의 잠재력을 믿고 기다리며, 자기가 자기 삶을 이끌어 갈 수 있음을 경험하게 만든다. 또한, 학습 코칭은 부모에게도 방향을 제시한다. 아이를 어떻게 바라봐야 하는지, 어떤 대화가 필요한지, 언제 개입하고 언제 기다려야 하는지를 제안한다. 즉, 부모와 아이 모두가 지혜로운 학습 파트너가 되도록 돕는 것이다.

한때는 아이가 공부를 못하면 의지가 부족하다고 생각했다. 노력하지 않아서 그렇고, 시쳇말로 정신만 차리면, 발동만 걸리면 된다고 여겼다. 그러나 앞 장에서 설명했듯, 오늘날의 아이들은 혼자서 방향을 잡기가 쉽지 않다.

한국코칭학회 부회장을 역임하며 학습 코치 양성과 교육을 이끌어 온 고려대 민철홍 교수는 이렇게 말한다.

"학습의 본질은 자기를 이해하고 삶을 성장시키는 과정이다."

그 과정에는 반드시 질문과 성찰이 필요하다. 그리고 그 길을 옆에서 도와주는 조력자가 있어야 하는데, 그들이 바로 학습 코치다. **학습 코치는 단순히 문제 풀이를 잘하게 만드는 사람이 아니다. 아이가 자기 자신을 이해하고, 궁극적으로 행복한 삶을 살아갈 수 있는 역량을 갖추도록 돕는 사람이다.** 이것이 곧 학습 코치의 역할이다.

MTLC(Multi-dimensional Test for Learning Competency) 검사

학습 역량[3]이란 학습자의 인지 능력, 동기 능력, 정서 능력, 행동 능력을 포괄하여 학습을 잘할 수 있도록 하는 힘을 말한다. 이를 기반으로 한국 학습 코칭 전문가협회에서는 MTLC 학습 역량 검사를 개발하였다. 이 검사는 학습자가 학습 능력을 향상시키고 유지하기 위해 반드시 갖추어야 할 역량의 상태를 정의하고, 진단을 통해 이를 정확하게 확인할 수 있도록 한다. 검사 결과는 단순한 측정에서 그치지 않는다. 검사 후 학습 상담은 물론, 학습자에 맞춤화된 '학습 코칭 프로그램'으로 이어진다. 이를 통해 학습 역량을 강화하고 학습 성취도를 높이며 궁극적으로는 학생의 삶을 건강하고 행복하게 살

---

3 민철홍, 2022

수 있도록 하는 데에 목적이 있다. 고려대 민철홍 교수와 연구팀이 학습 코칭을 위해 개발한 이 검사는, 모든 학생이 가진 역량이 다르다는 점을 전제로 한다. 따라서 학생 개개인에게 맞는 학습 지원(코칭)을 이어가기 위한 필수적인 과정이라 할 수 있다.

검사는 학습 역량을 다음 네 가지로 분류한다.

1. 인지 역량

인지 역량은 학습자가 학습 과제를 성공적으로 수행하는 데 필요한 지식의 습득, 판단, 집중, 기억, 학습 등의 인지적 능력을 사용하거나 이를 조정할 수 있는 역량이다. 간단히 말해 실질적으로 학습을 해낼 수 있게 하는 지적 역량을 말한다. 그래서, 이 역량에 포함되는 세부 역량은 주의 집중력, 기억, 시연, 정교화, 조직화, 메타인지이다.

2. 동기 역량

동기 역량에 포함되는 자기 결정성, 학업적 성취동기, 학업적 자기 효능감, 목표 지향성, 긍정 마인드셋, 학습몰입과 같은 세부 역량에서 볼 수 있듯이, 학습자가 학습 과제를 성공적으로 수행하기 위해 필요한 학습 행동을 일으키도록 자신의 내적 요인을 조절할 수 있는 역량이다. 그래서 학생이 "왜 공부를 해야만 하는가?"를 설명해 내어, 내재적, 외재적 동기와 목표를 설정하도록 한다.

3. 정서 역량

정서 역량은 학습자가 학습 목표를 성공적으로 수학하기 위해 자신의 감정 상태를 인식, 표현, 조절할 수 있는 역량으로, 정서 인식, 정서 표현, 정서 조절, 회복 탄력성, 사회적 인식, 관계관리를 그 세부 역량으로 두고 있다. 즉, 학습을 이어 나가기 위해 감정과 스트레스를 얼마나 잘 다룰 수 있는가를 확인할 수 있게 해주는 역량이다.

4. 행동 역량

마지막으로 행동 역량은 학습자가 학습 과제를 성공적으로 수행하는 데 필요한 학습환경 및 태도를 구성, 관리, 실행할 수 있는 역량을 말한다. 학습계획, 학습실행, 자원관리, 학습환경, 신체 관리, 학습 태도가 세부 역량이다. 검사를 통해 학습자의 행동 역량을 확인함으로써 학생이 실제로 학습을 실행하면서 보여주는 행동 습관 및 태도를 정비할 수 있다.

나와 방미연 선생님은 모두 이 네 가지 학습 역량을 전문적으로 검사하여 이를 해석하고 학생에 따른 개별적 코칭을 진행하여 학생을 도울 수 있는 1급 학습 코치이다.

MTLC 역량 검사의 슬로건(위) 과 초등부 저학년용 MTLC 검사의 세부 역량 모형(아래) 이다.

코칭 프레임워크

삶을 바꾼 학습 코칭

막 고등학교 3학년이 된 현주(가명)는 자기 자신을 믿지 못했다. 노력해도 안 될 것이라 여기며 발전을 두려워했다. 그러다 보니 성적도 향상되지 못하는 악순환이 반복됐다. 그렇게 자신감이 많이 결여된 상태에서 코칭을 의뢰하였다. MTLC 검사 결과, 현주의 인지, 동기, 정서 역량은 평균치였으나, 행동 역량이 약점인 것으로 나타났다. 평소 현주를 생각해 봤을 때, 정서 역량이 매우 약점일 것으로 예상했는데, 행동 역량이 약점으로 나타나 다소 의아했다. 하지만, 검사 결과를 믿고 코칭을 시작했다.

행동 역량의 다른 세부 역량들보다 '신체 관리와 학습 태도'가 가장 약한 역량인 것으로 나타났다. 행동 역량은 학생이 학습을 실행하면서, 실질적으로 영향을 미치는 행동 습관과 태도에 관한 역량이다.

첫 코칭에서, 아이의 현재 생활 모습과 습관들을 점검해 보기로 하였다. 질문과 대화를 통해 확인해 보니 아이의 생활 패턴과 습관들은 매우 불안정한 상태였다. 우선, 수면 부족으로 인해 학교생활에 지장을 받고 있었다. 자려고 하면, 꼬리에 꼬리를 무는 생각들로 인해 쉽게 잠에 들지 못한다고 했다. 또 학교에서 생활할 때, 체력이 쉽게 저하되며 우울감을 자주 느끼고 집중력이 분산되고 있다고 했다. 학원에서 수업할 때는 미처 알지 못했는데, 자기 자신이 가진 능력이나 모습에 대해 지나치게 폄하하고, 믿을 수 없을 만큼 자기혐오로 가득 차 있었다. 사소한 실수에도 금세 자신감을 잃고 자기 자신에 대한 불신 때문에 진로에 대해서도 갈팡질팡하는 상황이었다. 학원에서 함께 수업을 해오던 학생이라 잘 알고 있다고 생각했는데, 검사 결과로 나타난 아이의 실제 모습이 보던 것과 많이 달라 적잖이 놀랐다.

요일별 아이의 삼시 세끼의 식단, 카페인 섭취 여부, 운동 횟수, 햇빛 노출 시간 등도 확인했다. 그랬더니 아이는 날마다 식사를 불규칙적으로 하고 있었다. 그마저도 균형을 갖춘 식단이 아닌 과자, 케이크, 빵, 젤리 등 그때그때 입맛에 맞는 간식거리로 식사를 대신하고 있었다. 뿐만 아니라 커피, 초콜릿, 에너지 음료 등의 다양한 다량의 카페인을 날마다 섭취하고 있었다. 일주일에 한 번 정도 강아지를 산책시키는 것 외에는, 가벼운 운동이나 햇빛에 노출되는 횟수도 거의 없었다. 아이의 생활 습관과 아이가 생활 속에 가지는 행동들이 아이의 성장과 정서, 학교생활 그리고 성적에까지 실질적인 영향을 미칠 수 있음을 시사하고 있었다.

생활 습관의 변화가 만든 학습의 힘

그때부터 현주를 위해 밀가루(정제 탄수화물)와 카페인의 과도한 섭취가 뇌에 미칠 수 있는 영향, 햇빛 노출 및 운동과 학습의 상관관계에 관해 공부하기 시작했다. 많이 애쓰지 않아도, 현주의 행동들과 습관들이 뇌와 학습 그리고 정서에 부정적인 영향을 미칠 수 있다는 자료들이 많았다. 자료들을 바탕으로 현주와 일주일 동안 아래와 같이 실천하기로 했다.

1) 밀가루를 줄이고, 밥을 주식으로 하는 영양을 갖춘 식사를 하며 규칙적으로 먹기
2) 점심시간마다 운동장에 나가서 20분 이상 햇볕 쬐기
3) 카페인 음료 대신 물 마시기
4) 운동장에 나가서 햇볕을 쬘 때나 강아지 산책을 통해 하루 30분 이상 걷기
5) 야식 먹지 않기

그리고 현주를 격려하고 함께하고 있음을 알려주기 위해서 나도 아침마다 산책하고 아이에게 사진으로 인증해 주었다.

이렇게 실천하기를 일주일. 두 번째 회기에서 만난 아이는 거짓말처럼 달라져 있었다. 불과 일주일 만에 우울한 표정에서 웃는 얼굴로, 자기 자신을 향한 부정과 미움에서 '나도 해볼 수 있지 않을까?'라는 조심스럽지만 긍정적인 믿음이 미약하나마 생겨났다.

햇빛에 노출되면 행복 호르몬이라고 불리는 세로토닌이 분비된다고 알려져 있다. 그리고 이 세로토닌의 양이 줄어들 때, 우울증 발생 가능성이 커진다고 한다. 아이는 약속한 대로 점심시간마다 햇빛을 받으며 매일 20분씩 하루도 빠짐없이 산책했다고 했다.

그리고, 2주 후에는 아이의 아버지로부터 "선생님, 우리 현주가 밝아졌어요. 코칭 덕분인 것 같습니다."라는 말씀도 전해 들었다. 불과 일주일 만에 본인도 믿기지 않을 정도로 긍정적인 변화가 있고 보니 아이는 더욱 힘을 내었고, 더욱 성실하게 행동과 습관들을 고쳐 나갔다. 그렇게 네 번째 회기에 이르니 피부의 트러블이 눈에 띄게 사라지고 뽀얀 피부가 드러났다.

점점 자신을 향한 혐오에서 벗어나 이러한 약속을 해내고 있는 스스로를 향한 긍정을 선언하기 시작했다. 정말 신기하게도, 이전에는 애써도 잘되지 않던 암기라든지, 문제 풀이가 수월해졌다고도 했다. 혹 기대만큼 잘되지 않을 때라도, '다시 해보자, 반복하다 보면 외워질 거야.'라고 생각하니 마음이 편해져 오히려 집중력이 향상되었다고 했다.

가장 놀라운 것은 생활이 개선되어 태도가 달라지면서, 학습 플래닝을 꾸준히 실천했다는 점이다. 플래닝으로 생활을 관리하고, 매일 생각들을 정리하면서, 늘 고민만 하고 결정하지 못했던 본인의 진로를 찾게 된 것이다. 늦은 감이 없지 않았지만, 현주는 미술 쪽으로 진로를 정했다. 이전 같으면 "선생님, 저는 안 될 것 같아요. 이건 제 욕심인 것 같아요, 저는 해내지 못할 것 같아요. 그러니 저는 그냥 아무 대학에나 가거나 아니면 안 가도 그만이에요."라고 하면서 쉽게 자포자기했을 아이였다. 그런데 이제는 할 수 있다는 믿음을 갖고 혹 안되면 다시 도전하면 된다는 긍정적인 태도로, 진로를 향한 노력에 최선을 다하겠다고 했다.

행동 역량이 강화된 현주의 코칭에서, 현주는 회기마다 놀랍도록 긍정적으로 성장하는 모습을 보여주었다. 현주가 정한 전공은 '조소'였다. "어릴 때부터 손으로 하는 일들을 좋아했어요. 잘하기도 했고요. 돈을 벌 수 없는 일이 될지도 모르겠지만 제가 만든 작품을 보고 많은 사람이 위로를 받을 수 있으면 좋겠다는 생각이 들더라고요. 그동안은 남들이 나를 어떻게 생각할까에 집중하며 직업을 생각하느라 저와 맞지 않는 것들을 찾으려 했어요. 그러다 보니 곧 흥미도 잃고, 그게 반복되니까 나는 왜 이 모양일까 하는 생각만 했었거든요." 전공 선택의 이유를 전하는 현주의 눈빛은 맑고 힘이 있었다. 분명한 목표가 정해지니 힘들거나 지치는 것이 더는 문제가 되지 않는다며, 하루하루를 낭비하고 싶지 않다고 덧붙였다.

3개월의 코칭을 마치며 모든 면에서 건강해진 현주에게 마지막으로 '나 자신 칭찬하기'를 해보자고 했다. 그리고 내용을 다 적은 후 직접 읽게 하였다. 그리고 난 다음에 현주에게 "이번엔 내가 읽어줄게. 이 내용이 현주가 아니라 다른 누군가에 대한 것이라고 생각하고 들어봐."라고 말한 뒤, 본인이 적은 칭찬 내용을 읽어주었다. 내용을 다 읽고 나니 현주는 눈물이 고인 반짝이는 눈으로 "선생님, 제가 정말 이런 사람이 된 거예요? 그 내용 속에 있는 사람은 정말 너무나 멋진 것 같은데, 이게 정말 저예요?"라고 말하며 감격하였다. 이제는 뭐든 해낼 수 있다는 자신감이 생겼다고도 했다.

행동의 변화가 가져온 삶의 변화

　3개월의 코칭을 마치며 모든 면에서 건강해진 현주가 대견하기만 했다. 중학교 때부터 우울해하고 자신감이 없으며, 자신을 혐오하던 그 아이는 더 이상 없었다. 행동이 달라지니 생각이 달라지고, 생각이 달라지니 삶을 대하는 태도가 달라졌다. 그렇게 실제로 아이의 삶이 달라졌다.

　학교에서 수업만 잘 듣고 학원을 잘 다니며, 학원 숙제만 열심히 하고 독서실이나 스터디 카페에서 오래 앉아 있으면 잘 공부한다고 생각할 수도 있다. 하지만 우리 아이들이 학습을 해 나가는 데에는 실제로 많은 요인들이 필요하다. 그리고 그 요인들은 아이들마다 다르며 아이들마다 성장하는 방법도 다 다르다. 그 아이들의 개별적인 역량에 맞추어 아이의 궁극적인 성장을 돕는 것이 바로 학습 코칭이다.

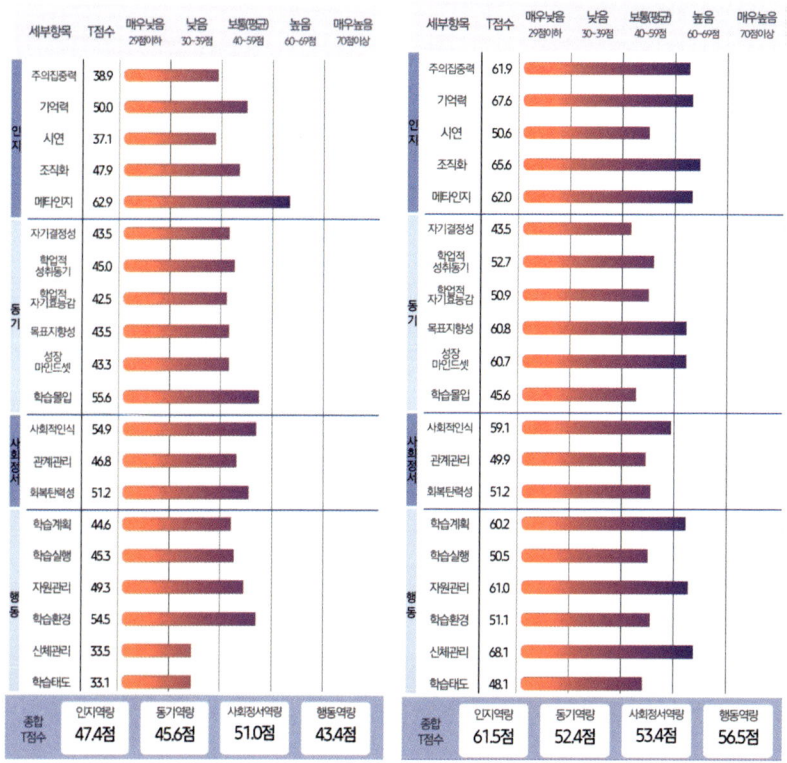

　왼쪽은 현주의 코칭 전 MTLC 검사 결과이다. 대부분의 역량이 평균치이나 행동 역량이 다소 약점이다. 그리고, 행동 역량의 세부 역량인 신체 관리와 학습 태도가 가장 약점인 역량임을 알 수 있다. 3개월의 코칭 후 현주는 행동 역량이 크게 성장한 것을 볼 수 있다. 놀라운 것은 행동 역량뿐 아니라 대부분의 역량이 성장했다는 점이다.

모든 아이는
다른 엔진으로
달린다

"타인의 속도에 맞추면,
결승선에 도착하기 전에 번아웃이 먼저 올 수 있습니다."

1

쌍둥이도 다른 이유: 개별화의 중요성

우리는 잘 알고 있다. 한배에서 태어난 동물이라 해도 완벽히 똑같은 특성을 지닐 수는 없다는 것을. 혹여 처음에는 비슷해 보인다 하더라도, 시간이 지나고 환경이 달라지면 그 성향과 특성은 달라질 수밖에 없다. 예를 들어, 집에서 길러진 고양이와 야생에서 자란 고양이를 치료해야 한다고 가정해 보자. 두 고양이를 대하는 치료의 과정은 당연히 달라야 한다. 같은 종이라도 환경이 다르면 그 존재를 대하는 방식 역시 달라지기 때문이다. 하물며 사람은 어떠할까? 각기 다른 환경과 경험 속에서 자라난 아이들이 똑같을 수 없다는 것은 너무나 분명하다. 따라서 그들을 가르치고 이끌어 주는 방법 또한 달라야 한다.

개별화 코칭이 필요한 이유

어느 해에 매우 비슷한 상황을 지닌 같은 학년의 두 학생이 있었다. 비슷한 성적을 가지고 서로 다른 고등학교에 다니는 두 학생이었다. 두 학생 다

상위권에 드는 성적을 지니고 있었고, 성실하였으며, 누구보다 열심히 공부하는 학생들이었다. 하지만 두 학생의 성향은 완전히 상반되었다.

한 학생은 매우 독립적이었다. 그래서 이 학생과는 미리 시험 대비를 다 해두고, 남은 2주 동안에는 학원에 오지 않아도 되도록 했다. 남은 기간 동안에 스스로 모든 내용들을 익힐 수 있게 하였다. 기한을 정해서 암기를 마치라고 하고, 스스로 외워서 확인한 뒤 인증 사진을 찍어 보내도록 했다. 그 과정이 다 되면, 기출 문제를 주어 풀어오게 하고, 채점한 뒤 오답 노트를 작성하고 확인만 받도록 했다.

즉, 내가 분량과 학습량을 제시하면 아이는 스스로 공부하고, 나는 그 결과물을 확인해 주는 방식이었다. 아이는 암기할 내용을 늘 휴대하여, 이동하는 시간과 쉬는 시간을 활용해 수시로 암기했다. 기출문제 풀이는 자습 시간 및 식사 후 나른해진 시간을 이용했다. 철저히 자신이 정하고 계획한 시간표에 따라서 과제 하듯 시험 준비를 했다. 그렇게 학습하도록 했을 때 최선을 다해 공부했으며, 그 결과로 항상 1등급을 유지했다.

반면, 비슷한 성적을 가진 또 다른 학생은 완전한 의존형 학생이었다. 시험 준비를 할 때면, 강의를 듣지 않더라도 무조건 학원에 와서, 내 앞에 앉아서 공부해야 했다. 좀 더 정확히 말하면, 공부하는 동안 나를 자리에 붙잡아 두어야만 했다. 아이의 시간과 아이의 실력을 고려하여, 내가 암기 분량을 정해주면 매번 학원에 와서 확인을 받았다. 심지어 암기는 나의 지도가 필요한 것이 아닌데도 굳이 학원에 와 내 앞에서 하려고 했다.

문제를 풀고 채점하고 스스로 오답 노트를 작성하는 대신, 내게 질문을 하며 틀린 것들을 수정하곤 했다. 대신 확실히 알 때까지 끊임없이 묻고 또 물었다. 그렇게 학생이 원하는 대로(공부를 하겠다고 하니까 원하는 대로 맞춰 주면서) 학습하도록 도왔다. 그렇게 학습을 이어갔고, 이 학생도 역시 늘 1등급을 유지했다.

맞춤 학습이 성과를 이끈다

만약 이 두 학생 모두에게 시험 준비를 독립적으로 하라고 한다거나, 혹은 무조건 학원에 와서 선생인 내가 지시하는 대로만 따라와야 한다고 하면 어떻게 될까? 아마 둘 중 한 사람에게는 그 상황이 굉장히 힘들었을 것이고, 오히려 시험 준비가 제대로 안 되어 좋은 성과를 내지 못했을 수도 있다.

나는 두 학생 모두를 각자의 성향에 맞게 이끌고자 노력했다. 당시에는 학습 코칭을 몰랐기 때문에 수업하며 학생들의 성향을 직관과 경험으로 판단해야 했다. 수업마다 각 학생을 주의 깊게 살피고, 공부 성향을 알기 위해 많은 대화를 하느라 시간은 좀 걸렸다. 하지만, 성향을 파악하여 학생에 맞춰 수업하는 것은 그때나 지금이나 내게 가장 중요한 덕목이다. 나 자신이 아주 위대한 명강사이고 학생의 학습 동기도 완벽하다면, 말 그대로 자기주도 학습을 할 수 있는 상태라고 한다면, 그냥 수업만 하는 것으로 충분하다.

하지만 앞서 말했듯 이 시대는 자기주도 학습이 희박한 시대라고 할 수 있다. 강사의 명강의만으로는 학생이 좋은 성적을 거두어 본인의 삶의 목표를 이루는 데에 도움이 되어 줄 수 없다. 아무리 좋은 강의라 하더라도 그 성향과 학업에 대한 역량을 파악하지 못한다면 말 그대로 밑 빠진 독에 물 붓기이다. 혹 양으로 승부하기 위해 숙제를 폭탄처럼 해서 성적이 오른다 하더라도, 이것은 일시적일 가능성이 있다. 따라서, 학생들의 학업 역량을 정확하게 파악할 수 있는 학습 역량 검사를 통해 "개별화 학습"이 필요하다.

❷

"의존적인 아이 VS 독립적인 아이"

프레임 벗어나기

 자기주도 학습이 학습의 진리로 받아들여지는 시대에서 앞서 말한 학생처럼 선생님을 너무 의존한 나머지, 암기마저도 선생님을 앉혀 놓고 해야 하는 학생이 있다고 생각해 보자. 그러면 이 학생은 성적은 잘 나온다 하더라도, 비정상적이거나 문제가 많은 학생인 걸까? 그렇지 않다. 이것은 이 학생이 지닌 학습 성향에 따른 것이며, 오히려 넓은 의미의 자기주도 학습을 한 것이라고 할 수 있다. 이 학생의 경우, 수학을 포함한 다른 과목들과 수행평가 및 학습 계획의 대부분은 스스로 한다. 이과 성향을 지녀서인지, 다만 영어를 다른 과목들보다 좀 어려워하고, 공부를 시작할 때 집중력이 끌어올려지지 않았기 때문에, 선생님(나)과 자신을 통제할 수 있는 공간(학원)에 자신을 데려다 놓은 것이다.

학습을 위해 도움을 요청하는 것도 역량이다

학습 역량에는 인지 역량, 동기 역량, 사회정서 역량, 행동 역량이 있다. 그중 행동 역량에, **자원 관리**라는 세부 역량이 있다. **행동 역량**은 학습을 실제로 실행할 때 필요한 역량이다. 그 중 자원 관리란 학습에 필요한 모든 자원을 적절히 활용할 수 있는가에 대한 역량이다. 도움을 줄 수 있는 인간관계, 즉, 교사, 부모, 선배, 동료, 전문가, 지인 등과 학습을 위한 관계를 잘 맺어서 공부하다 어려움을 만났을 때, 적절한 도움을 얻을 수 있도록 하는 인적 자원 관리도 중요하다. 이와 같이 학습 역량의 관점에서 바라본다면, 의존적이라 생각했던 학생은 사실 본인의 학습적 목표를 이루기 위해 자신에게 맞는 방법으로 공부하고 있었던 것이다.

스스로 노력하고 공부하면서 실력을 갖추게 되는 경우도 많지만, 때로는 혼자서 해결할 수 없는 상황에 맞닥뜨리게 되는 경우도 많다. 충분히 고민하지 않고, 문제지에서 답지부터 읽어 보는 것처럼 선생님이나 부모님을 활용해서는 안 된다. 하지만, 경험 많은 선생님이나 부모님의 간단한 질문, 혹은 실마리를 주는 한마디가 해결 방법을 찾게 도와줄 수도 있고, 다음 단계로 나아갈 수도 있게 도와준다. 이것을 인지하고 활용하는 것은 중요하다.

또한 혼자서는 공부를 시작하기조차 힘들 때, 함께 해주는 조력자로서의 역할을 요청할 수도 있다. 그런데, 많은 학생들이 이렇게 주변에 있는 선생님들에게 자신의 학업에 대한 지원을 요청하면 기꺼이 도와줄 수 있다는 사실을 간과하는 것 같다. 혹 알고 있다 하더라도 용기를 내지 못하는 경우도 있을 것이다. 그렇기 때문에 학생들로서도 본인에게 가장 적절한 도움을 줄 수 있는 선생님을 찾아내어, 적합한 도움을 요청할 수 있는 것은 중요한 역량이 아닐 수 없다.

3

성향따라 달라지는 공부법:
MBTI 활용 가이드

학생 한 명 한 명을 이해하기 위한 나만의 방식

나는 한때 학생들을 개별화하고 학습 성향을 잘 파악하여 가르치기 위해 혈액형을 사용하였다. 혈액형으로 성격도 분류하고, 궁합 같은 것도 파악하던 시절이 있었다. 지금은 사람을 단 4개의 유형으로 나누는 것에 대한 불편함이나, 비과학적 요소로 인해 거의 찾아볼 수가 없다. 하지만 나는 아이들을 가르치기 시작한 초기부터 학생들을 잘 파악하고 각자에 맞는 맞춤형 수업을 하고 싶어서 당시 내가 할 수 있는 방법 중 하나인 혈액형을 활용했었다. 사람을 단 4개의 유형으로 나눈다는 것은 확실히 어폐가 있다. 하지만, 아무리 생각해도 그 당시에 혈액형을 참고했던 수업을 생각해 보면, 혈액형마다 보편적인 성향이라는 것은 존재했던 것 같다. 그래서 혈액형을 참고하여 적용했던 수업은 매우 의미가 있었다.

재미로 읊어보자면, **A형 아이들은 비교적 수동적**이었다. 칭찬과 질책을 적절히 섞어 쉬지 않고 끌어당겨야 아이들은 앞으로 나아갔다. 지속적인 관심과 적절한 격려, 그리고 꾸준한 피드백을 잘 활용하면 다른 혈액형을 가진 아이들보다도 훨씬 잘 따라왔다. 그래서 교사가 열심히 이끌었을 경우 가장 눈에 띄는 결과가 나오는 유형의 학생들이었다.

O형 학생들의 경우 목표를 주는 것과 만족할 만한 커다란 동기를 부여하는 것이 학습에 많은 도움이 되었다. 목표나 목적이 없을 때 매우 당황해하고 무엇을 해야 할지 모르는 경우가 많았다. 대신 이들이 뚜렷한 목표를 정하도록 하고, 그것을 왜 이루어야만 하는지에 대한 분명한 동기를 갖게 하면 알아서 전진하는 성향을 보였다.

AB형 학생들의 경우는 좀 특이했는데, 이 친구들은 눈에 띄게 예의가 발랐다. 그래서인지 수업 시간에 질문을 하면 대답도 굉장히 잘했다. 그런데 이따금씩 자세히 보면 나를 보고 있는 것 같은데, 생각은 안드로메다로 가 있는 것만 같은 인상을 받을 때가 있었다. 그래서 그럴 때는 수업을 멈추고, 지금까지 수업한 것들을 간단히 요약해 보라고 요청했다. 그러면 영락없이 대답을 못 하는 경우가 많이 있었다. 집중하는 것처럼 보인다고 해서 집중하고 있는 것이 아니었다. 그래서 고민하다 택한 방법이 질의응답식 수업이었다. AB형 친구들의 경우 강의식 수업에는 집중을 못 하는 경우가 많았으나, 질문을 하여 대답하게 하거나 반대로 질문을 하게 하여 대답을 듣는 방식의 수업을 이어갈 때 굉장히 집중도가 높아졌다. 아이들도 만족하며 수업에 참여했다.

가장 힘들었던 학생들은 **B형 학생들이었다. 이 아이들은 호불호가 매우 강한 편이**다. 다들 그렇다고 할 수도 있겠지만, 특히 B형 아이들에게서 나타나는 두드러진 특징은, 하기 싫은 일은 그야말로 때려죽여도 하지 못하고, 하고 싶은 일은 뜯어말려도 한다는 점이다. 그래서 이 친구들에게는 영어라는 것이 얼마나 재미있는 것인지, 그리고 영어를 통해서 얻어질 수 있는 즐거운 결과물들이 얼마나 많은지에 대해서 깨우쳐 주는 것이 수업보다 선행되어야 했다.

물론 혈액형을 논하고 그 자체를 맹신해서는 안 된다. 하지만 이와 같이 혈액형을 물어, 그것을 참고하여 이것을 인지하고 수업에 임했을 때가, 그렇지 않고 아이들을 대했을 때보다 훨씬 수월한 개별 학습으로 이어질 수 있었던 것 같다. 그리고 매우 효율적인 방안들을 찾아낼 수 있었다. 요즘은 모양은 바뀌었으나 혈액형과 비슷한 유형 분석이 등장했다. 바로 우리 모두가 알고 열광하는 MBTI라는 것이다.

MBTI는 외향형인 E와 내향형인 I, 인식 방법에 있어서 감각형인 S형과 직관형인 N형, 결정 방식에 따라 사고형인 T와 감정형인 F, 판단과 계획에 의존하는 J와 인식형인 P의 8개의 유형을 가진다. 그리고 이들은 조합을 통해 총 16개의 유형으로 분류한다. 낯선 이들이 만났을 때 스몰토크로 서로의 유형을 물으며 친해지기도 하고, 이 유형별 강의가 진행되기도 한다. 각 유형별 효율성을 끌어올리는 방법이라든지, 사회성 같은 것들을 진단하기도 한다. 그렇다면 MBTI가 학습에 적용된다면 어떨까?

MBTI 활용 가이드

어떤 아이들은 손으로 내용을 써가면서 암기하는 것이 효과적이었다고 했다. 그런데 또 어떤 아이는 그 방법을 따라 했더니, 손으로는 쓰고 있지만, 머릿속으로는 다른 생각을 하게 되기 때문에 자기에게는 맞지 않는다고 했다. 음악을 들으며 공부하는 것은 대부분 추천하지 않는 방법이라고 알고 있으나, 어떤 학생은 집중이 잘되지 않는 문제의 경우 음악을 들으며 마음을 추스르니 오히려 집중하기가 좋았다고 했다. 이러한 사례들을 봤을 때, 성실과 노력이라는 보편적인 가치는 분명히 적용되지만, 그야말로 공부에는 왕도가 없다. 공부를 실제로 해보고 본인에게 가장 맞는 방법을 찾는 것 외에는 말이다. 그런데 앞서 다뤘듯이 이 시대를 살아가는 우리 아이들에게는 자기주도 학습을 위한 힘이 부족하니, 그 방법을 일러주고, 도움을 줄 필요가 있다. MBTI를 활용해야 하니 먼저 각 MBTI별로 구체적으로 알아보자. 이미 많은 사람들이 알고 있지만, 대략적으로만 인지하고 있는 경우가 있으므로 간략하게 정리해 보겠다.

1. E형 vs I형: 에너지의 방향

E는 Extraversion 즉, 외향형의 약자이다. 외부 활동과 사회적 상호작용에서 에너지를 얻는 사람들이다. 이에 반해 I는 Introversion인 내향형의 약자로서 내면의 생각과 조용한 환경에서 에너지를 충전하는 사람들이다.

2. S형 vs N형: 인식의 차이

S는 Sensing의 약자이며 오감에 의존하고 실제 경험을 중시한다. 현재에 초점을 맞추고, 정확하고 철저히 일 처리 하는 사람들이 이 유형에 속한다. N은 Intuition 직관의 약자이다. 육감 내지는 영감에 의존하는 사람들로 매우 미래지향적인 성향을 갖고 있다. 가능성과 의미를 추구하며, 신속하고 비약적으로 일을 처리하는 편이다.

3. T형 vs F형: 판단의 방식

T는 Thinking의 약자로 진실과 사실에 중심을 두고, 논리적, 분석적, 객관적 판단을 선호하는 사람들이다. F는 사람과 관계에 그 중심을 두며, 상황에 의미를 둔다. 정상을 참작한 설명을 하는 사람들인데, 이는 Feeling의 약자이기 때문이다.

4. J형 vs P형: 삶의 태도

J는 Judging이며 많은 사람들은 이를 계획형으로 인지하고 있으나, 분명한 목적과 방향, 기한 엄수, 철저한 계획을 주제로 하는 매우 체계적인 사람들이다. 요즘 사람들은 P를 즉흥적인 사람들이며 계획 없이 행동하는 사람들이라고 생각하는데, 이는 P가 Perceiving 즉 인식을 대표하는 유형이기 때문이다. 목적과 방향의 변화가 가능하며, 상황에 따라 유연하게 일정을 변경할 수 있어서, 자율적이고 융통성이 있는 유형들로 볼 수 있다.

이와 같은 8개의 유형이 4개씩 합쳐져 총 16개의 유형이 결정되면 적어도

16개의 학습 유형이 생긴다. 이들은 현실주의자, 엄격한 관리자 등 다양한 명칭으로 대표되며 각 유형이 얼마나 서로 다른지를 나타내고 있다. 학습에 있어서도 서로 달라야 함은 매우 당연한 이야기이다.

코칭 프레임워크

ISTJ

    ISTJ는 현실주의자로서 책임감이 강하고 체계적이며, 규칙 준수를 중요시 여기는 사람들이다. 이들은 계획을 세워서 학습하도록 하면 매우 성실하게 실행할 가능성이 높다. 학습량을 체크리스트로 정리하도록 하면 성취감이 동기부여로 이어지는 유형이다. 매일 일정한 시간에 공부하도록 하여야 안정감을 느끼며, 필기와 정리 중심의 공부를 할 때, 강점으로 발휘될 수 있다. 그러나 지나치게 완벽하려다 시간이 낭비될 수 있으므로 학습 플래닝을 효율적으로 할 수 있는 방법에 대한 조언 및 안내가 수반되면 좋을 것 같다. 변화나 창의적 접근에 대한 거부감이 강할 수 있어, 조화로운 학습이 부족해질 가능성이 있으니 이 부분을 학생이 인지하여 놓치는 부분 없이 발전하도록 도와야 할 것이다. 또 완벽주의적인 성향으로 인해 '계획대로 되지 않을 때' 자책할 수 있으니 이때, '잘하고 있어, 조절도 실력이 될 수 있어.'와 같은 정서적인 피드백이 필요하다.

ISFJ

ISFJ는 용감한 수호자 또는 성실한 조력자로 불릴 만큼 헌신적이고 세심하며, 타인의 필요를 잘 파악하여 도움을 주는 유형이다. 조용하면서도 충실한 성향이 강한 것으로 여겨진다. 성실한 성향을 지닌 만큼 예습 복습을 통한 반복 학습을 하며 학습을 이어가도록 해야 한다. 또한 조력자인 면모를 발휘하여 공부할 수 있도록 다른 학생과의 스터디를 통해 본인이 설명하거나 상대방의 연구 내용을 들어주는 방식이 도움이 될 수 있다. 따뜻한 분위기나 조용한 공간에서 혼자 공부할 수 있도록 했을 때 집중력이 높아지는 것으로 보고되어 있다. 그러나 조력자 성향이 너무 발휘되어 남을 도우려다 자신의 시간을 뺏기지 않도록 주의해야 한다. 반복되는 공부에 지치지 않도록 때로 공부 방법이나 장소 등을 바꾸어 볼 것을 추천한다. 부모의 믿음을 반복적으로 보여주어 아이의 자존감을 끌어올리는 것이 큰 도움이 될 수 있다.

INFJ

INFJ 성향을 가진 친구들은 통찰력을 가지고 있는 조언자형이라고 불린다. 직관적이고 목표 지향적인 성향을 지니고 있기 때문에 이들은 일단 공부하는 이유 또는 비전이 확실히 주어질 필요가 있다. 그리고 그것을 위한 의미 부여에 연결 지어 학습에 대한 꾸준한 동기부여를 해주는 것이 도움이 된다. 통찰력을 지닌 학생들이기 때문에 큰 그림을 이해한 후 점차 디테일을 공부해 나가는 방법을 추천한다. 이 유형 학생들의 단점은 감정 기복이 있다는 것이다. 따라서 그 기복에 따라 학습 흐름이 깨질 수 있으므로 이를 알고 조절하여 대처하는 방안을 가지는 것이 중요하다. 피로가 누적되면 몰입력이 급감될 수 있으니 체력을 끌어올리고, 날마다 고르게 배분할 수 있는 능력을 지니는 것이 중요하다. 부모가 아이를 믿어주며, "네 페이스대로 해도 괜찮다."는 지지를 해 줄 때 안정감을 느끼며 더 집중해서 공부할 수 있다.

INTJ

INTJ 친구들은 전략적인 계획자이며, 독학에 강한 아이들이다. 분석력과 추진력이 뛰어나며, 스스로 목표를 설정하고 전략을 짜는 데에 능숙하다. 따라서 전체 단원을 스스로 설계하도록 하여, "이 과목과 이 단원은 이러한 방식으로 끝낼 것이다."라는 방식으로 방향을 설정하면 최고의 동기부여가 된다. 객관식보다는 서술형, 요약 정리, 개념지도를 활용하면 효율적일 수 있다. 지적 호기심이 강하지만 감정 표현은 드물 수 있다. 그러므로 감정을 끌어내려 하기보다는 "나는 네 생각이 궁금하다."라는 방식의 접근이 더 효과적이다.

ESTP

ESTP인 아이들은 즉흥적인 실천가이자, 체험을 통해서 배우는 아이들이다. 이 아이들은 에너지가 넘치고 현실 감각이 매우 뛰어나다는 특징을 지니고 있다. 그래서 머리로 이해하기보다는 '직접 해보며' 깨우치는 편이라고 할 수 있다. 공부를 할 때 혼자서 계획하고 해내기보다는 친구들과 퀴즈를 내거나 게임처럼 접근하는 방식이 학업 효율을 높일 수 있다. 문제 풀이를 통해 개념을 익히는 것이 자연스럽고, 긴 설명보다 '해 보는 것'이 빠르다. 그렇다 보니 책상 앞에 오래 앉아 있기 힘들 수가 있으므로 짧은 시간 집중 후 쉬게 하는 학습을 해야 한다. 즉흥성을 통제하려 하기보다, 활동 중심의 루틴을 만들어 주는 것이 효과적이다.

ESFP

ESFP 학습자들은 감각적이고 낙천적인 성향을 지니며 즐거움 속에서 배워가는 유형이다. 따라서 가만히 앉아서 공부하기보다는 말하면서 외우고, 색깔 활용이나 그림그리기 등의 오감 자극 학습을 이용해 보면 좋겠다. 흥미가 매우 중요하기 때문에 흥미가 없는 과목은 쉽게 포기하는 경향이 있다. 부모가 한 과목을 어떻게 하면 재미있게 배울 수 있을지에 대해 함께 고민한다면 재미있게 배울 수 있을 것이다.

ENFP

ENFP 유형은 매우 열정적이고 발랄한 성격의 대명사이다. 열정적인 아이디어 뱅크이고 상상력으로 학습하는 아이들이다. 이들은 호기심이 많고 감성이 풍부하며, 무엇이든 '자유롭게' 시도하고 싶어 한다. 그래서 이 유형의 학생들에게는 개념을 스토리처럼 연결하거나 마인드맵으로 시각화하면 집중도가 높아진다. 다양한 과목을 연결 지어 배우는 통합형 학습이 큰 시너지를 줄 것이다. 열정은 크지만, '완성'까지 가는 인내력이 부족할 수 있으므로 처음부터 끝까지 따라가는 계획표나 루틴을 만들어 작은 성취마다 '해낼 수 있어.'라고 다독여 주는 것이 중요하다.

ENTP

ENTP는 창의적인 논쟁가들이며 이들은 질문을 통해서 세상을 여는 친구들이라 할 수 있다. 언어적 표현 능력이 뛰어나며, 끊임없이 질문을 던진다. 정답보다는 '왜 그러한지'를 먼저 알고 싶어 한다. 따라서 스스로 질문을 만들고, 그 질문에 대한 답을 찾아가도록 하는 프로젝트형 학습을 추천한다. 토론식 수업이나 발표 기회가 주어지면 실력이 배가 될 것이다. 한 가지에 집중하기보다는 여러 주제를 넘나드는 경향이 있으므로, 폭넓은 사고를 인정해 주되, 마무리를 도와주는 틀도 함께 제공해야 한다.

ESTJ

ESTJ 학생들은 현실적이고 목표 지향적이다. 책임감이 강하고 목표 중심으로 움직이며 성취를 중시한다. 하루하루 목표량을 설정해서 완료했는지 체크해 주고 결과를 확인하는 이른바 '성과 기반 학습'이 가장 효과적이다. 객관식 문제 풀이 후 오답 정리를 하는 식의 구조적 반복이 안정감을 준다. 목표 지향적이다 보니 결과를 중시하게 되고, 그러다 보니 결과에만 집착하여 자신을 과하게 몰아붙일 수 있다. "과정도 중요하며 성실하게 잘하고 있다."라는 식의 격려가 아이의 내면적 긴장을 풀어줄 수 있을 것이다.

ESFJ

ESFJ는 따뜻한 조력자적 성향을 지니고 있어서, 함께 할 때 힘을 내는 아이들이다. 공동체 안에서 조화를 이루며, 주변 사람의 반응에 민감하게 반응한다. 이 친구들도 친구에게 설명을 해주거나 같이 문제를 푸는 스터디 형태의 학습이 잘 맞다. 필기 정리나 요약본 제작도 성실히 해내므로, 이를 권장하는 것이 좋다. 부모의 믿음을 보여주는 것이 중요하며, 다른 이와 비교당할 때 상처를 받을 수 있기 때문에, 개인에 포인트를 두어 존중해 주는 말이 필요하다.

ENFJ

ENFJ는 리더십이 있고, 중재자의 역할을 하는 유형의 학생들이다. 이 학생들은 매우 따뜻한 카리스마를 지니고 있으며, 타인을 이끄는 능력이 자연스럽다. 이러한 리더십을 이용하여 누군가를 가르쳐주도록 하거나 발표하는 과정을 통해서 개념을 깊이 내면화하는 방법이 좋다. 장기 목표를 설정하고 체계적으로 도전하는 것을 좋아하기 때문에 장기 목표를 잡은 뒤 세부 사항들을 정하여 실행하도록 하면 좋겠다. 타인을 돕는 것에 몰입하다 보면 오히려 본인이 해야 하는 공부를 놓치게 되는 경우가 잦을 수 있다. "네 시간과 너 자신을 챙기는 것도 배려해."라고 지도하는 것이 필요하다.

ISTP

ISTP 성향을 가진 학생들은 실용적이고 분석가적인 성향을 가지며 문제로부터 배우는 사람들이다. 조용하지만 관찰력이 뛰어나고, 실제 상황에서 빠르게 판단하는 능력을 가지고 있다. 체계보다는 효율을 추구하며, 말보다 행동이 더 빠른 성향이라고 할 수 있다. 따라서 개념 설명보다는 역으로 문제 풀이를 통해 개념을 익히는 방식이 더 잘 맞는다. 틀린 문제 분석에 탁월하므로 오답을 통해 스스로 원리를 유추하게 하는 것이 좋겠다. 짧고 집중도 높은 학습 시간이 효과적이다. 효율적이라는 것이 에너지가 적기 때문이기도 하여서 규칙적인 공부를 요구하면 스트레스를 받을 수 있다. "너만의 방식이 있구나. 다만 꾸준함이 생기면 더 강해질 거야."라는 식으로 유연함

속에서 규칙을 제안해 주어야 한다. 말수가 적지만 내면이 깊기 때문에 그의 침묵을 존중해 주는 태도가 아이의 신뢰를 이끌 수 있음을 기억하자.

ISFP

ISFP는 감성적인 예술가들로, 감각과 분위기로 배워나가는 유형이다. 조용하고 섬세하며, 감각적으로 사물을 인식한다. 자신만의 속도가 있으며, 마음이 편할 때 가장 잘 배운다. 손으로 직접 쓰고 정리하면서 감각을 활용한 학습을 하는 것이 좋다. 예쁜 필기, 색연필, 도형 그리기 등을 통해 내용과 감정을 연결시키면 학습 지속성을 높일 수 있다. 말보다 시각자료(도표, 플래너, 스티커 등의)를 활용해 보는 것을 추천한다. 다만 기분에 따라 학습 의욕이 좌우되기 쉽다. 공부에도 흐름이 있으니 그것을 인정하고 그 흐름을 조절해 보도록 깊은 울림을 주면 오히려 받아들이기 쉽다고 느낄 것이다. 또한 경쟁보다 분위기와 감정 연결이 중요하므로 칭찬을 많이 해주되, 말보다 눈빛과 터치 등의 감각적 언어를 이용하는 것이 좋다.

INTP

INTP는 매우 논리적인 사색가이다. 탐구하며 몰입하는 유형이라고 할 수 있다. 이 유형의 아이들은 지적 호기심이 크며, 스스로 질문을 던지고 탐색하여 배운다. 표면적인 암기보다는 깊이 있는 이해를 추구하는 편이므로, "왜?" 또는 "어떻게?"를 유도하는 탐구 중심 학습이 효과적이다. 독서 후 개념을 요약하고 요약한 내용에서 자기 질문을 만들어 논리 정리로 이어지도록 학습한다면 보다 효과적으로 학습 내용을 인지할 수 있다. 정해진 커리큘럼보다 자율적으로 활동할 수 있는 연구과제나 토론 과제를 통해 몰입도를 증가시킬 수 있다. 완벽히 이해하기 전까지는 진도를 못 나가기도 한다. 완벽보다 실행을 통해서도 배워나갈 수 있다는 조언으로 부담을 덜어준다면 안정감을 얻을 것이다. 감정 표현은 덜 하지만, 매우 섬세하고 내면이 복잡하다고 알려진 유형이므로, 판단 없이 지켜봐 줄 것을 권한다.

INFP

  INFP는 이상을 추구하며 꿈꾸는 아이들로, 공부에도 '의미'를 중요하게 여기는 유형이다. 스스로 가치와 연결될 때 비로소 몰입할 수 있으며, 좋아하는 분야에서는 깊고 창의적으로 탐구한다. 그러나 반복적이고 흥미 없는 과제에는 쉽게 지루해하고, 감정 기복에 따라 공부 의욕이 달라진다. 큰 목표를 세우는 데는 능하지만 실행력이 부족할 수 있으므로, 학습을 작은 단위로 나누어 성취감을 경험하게 하는 것이 효과적이다. 글쓰기, 그림, 마인드맵 등 창의적 표현을 통해 개념을 정리하면 오래 기억된다. 또한 칭찬과 공감이 큰 동기가 되므로, 진심 어린 지지와 격려가 필요하다. 결국 INFP는 의미 부여와 작은 성취의 누적을 통해 학습 에너지를 이어간다.

ENTJ

마지막 유형인 ENTJ는 리더형이다. 이들은 통찰력을 지니고 있으며, 전략으로 성과를 내고자 한다. 목표 지향성과 논리적 사고력을 바탕으로 학습을 도전이자 성과의 장으로 여긴다. 주도적으로 계획하고 빠르게 실행하며, 효율을 중시한다. 단순히 외우기 위해 공부하기보다는 무엇을 성취할 수 있는가에 초점을 맞추는 편이다. 전체 단원이나 시험 일정을 보고, 스스로 계획을 세우게 하면 스스로 전반적인 시간과 내용을 조망한 후 구체적 실행까지 도달할 수 있다. 학습 후 성과를 확인할 수 있는 도구인 그래프나 주간 성취율 노트 등을 제공하면 의욕이 오른다. 학습 목표를 제안할 때는 단순한 시간 단위보다 결과 단위로 방향을 정해보도록 한다. 개념을 설명하고 문제에 적용한 뒤 정리하고 피드백을 하는 논리적 단계 구조가 안정감을 주며 학습을 돕는다. 다만 강한 경쟁심과 완벽주의가 결합되어 실패에 대한 두려움을 감추려 할 수 있으므로 실수는 성장의 과정임을 인지하도록 하는 것이 좋다. 의외로 감정 표현이 적고, 때로는 자신을 돌보는 법을 잊을 수 있기 때문에, 강한 사람도 쉬어야 더 멀리 갈 수 있음을 전하면 ENTJ 유형의 아이들에게 큰 울림을 줄 수 있다.

4

모든 뇌는 다르게 배운다:
기질별 학습 전략

기질별 학습 전략의 모든 것
- 너는 너고, 나는 나야

앞서 MBTI가 성격을 심리학적으로 조명하는 유형 분석이라면, TCI(기질 및 성격 검사)는 뇌과학을 이용하여, 기질과 성격을 분석한 것이라 할 수 있다. 실제로 아이들에 관한 행동 교정을 제시하는 TV 프로그램과 부부 문제를 다루는 프로그램에서 전문가가 TCI 검사를 활용하는 모습을 종종 볼 수 있다.

TCI 검사는 단순히 성격만을 보는 것이 아니라, 인간의 타고난 기질과 후천적인 성격까지 함께 분석함으로써 '왜' 그런 행동을 하는지를 이해할 수 있는 근거를 주게 된다. 이는 개인의 행동을 이해하고 올바른 방향으로 돕는 데 중요한 단서를 준다.

나는 약 4년 전, 서울대 아동심리학과 이수현 교수님을 통해 온 가족이 TCI 검사를 받은 적이 있다. 결혼 후 시간이 꽤 흘렀지만 여전히 사소한 일로 자주 부딪쳤고, 그 이유가 분명 남편이 "어딘가 많이 이상한 사람"이기 때문이라고 생각했다. 그래서 객관적인 검사를 통해 이를 확인하고 싶었고, 무엇보다 그 결과를 남편이 직접 알기를 바랐다.

검사 결과는 뜻밖이었다. 남편이 이상한 것이 아니라, 그보다는 나와는 기질적으로 정반대, 그것도 극단적으로 반대되는 성향을 가진 사람이라는 사실이 드러난 것이다. 성격도 크게 달랐는데, 예를 들어 공감 능력을 0에서 100까지의 스펙트럼으로 본다면 나는 97로 100에 가까웠지만, 남편은 무려 0이었다. 검사를 해주신 교수님께서는 "사실 이 수치가 0에서 시작하는 것이 아니라 마이너스에서 시작했다면, 남편분은 아마 그쪽에 해당할 것"이라고 농담 섞인 설명을 덧붙이셨다.

교수님 말씀에 따르면, 공감력이 높은 쪽은 늘 낮은 쪽에게 서운함을 느끼게 되고, 반대로 낮은 쪽은 왜 상대가 서운해하는지조차 잘 눈치채지 못한다고 한다. 중요한 점은, 이 무심함이 의도된 것이 아니라 타고난 기질이라는 것이다. 이 사실을 알게 된 후, 나는 늘 부족하다고 생각했던 남편의 애정 표현에 대해 더 이상 예전처럼 크게 서운해하지 않게 되었다. 물론 완전히는 아니지만 남편을 있는 그대로 이해할 수 있는 눈이 생긴 것이다.

기질과 성격을 알고 난 뒤, 나는 그동안 이해할 수 없고 답답하기만 했던 남편의 행동들이 사실은 나와 가족을 향한, 그의 방식대로의 치열한 '노력'이었음을 깨닫게 되었다. 순간적으로나마 감사한 마음까지 들었다. 남편 역시 내가 그렇게까지 섬세하고 공감력이 높은 사람인 줄은 전혀 몰랐다고 했다. TCI 검사를 통해 아내인 내가 자기와는 얼마나 다른 존재인지를 비로소 알게 되었다. 그때부터 남편은 우리 관계 속에서 내가 섭섭할 수밖에 없는 상황이 많다는 사실을 자각했고, 비록 후천적으로 학습된 것일지라도 공감력을 의식적으로 적용하려 애썼다.

그 후, 부부싸움의 빈도는 눈에 띄게 줄었다. 서로를 명확히 알게 되니 오해가 풀렸고, 그의 행동을 내 기준에 억지로 맞추려 하지 않고, 있는 그대로 받아들이게 되었기 때문이다. 결국 '다름'을 이해한 순간, 우리 사이의 긴장은 놀랍도록 완화되었다.

나를 닮았어도, 같지 않은 아이의 기질

내 아이들의 기질 검사 결과를 들었을 때의 충격은 아직도 생생하다.
살아오면서 남편과 내가 많이 다르다는 것은 인지하고 있었다. 그래서 나와 비슷하게 행동하는 내 아이들은 당연히 나를 많이 닮았다고 생각했다. 하지만 검사 결과는 예상과 달랐다. 아이들은 아빠의 기질을 타고났지만, 엄마인 나의 성격을 닮아 있었다.

즉, 기질은 나와 대비되지만, 내가 옳다고 믿고 이끌어준 가치관에 따라 아이들이 걸어오고 있었다는 뜻이었다. 그 순간, 말 그대로 '멘붕'이 왔다. 늘 맞춤형 수업을 강조하며 각 아이의 특성을 파악하는 것을 최우선 가치로 여겨왔는데, 정작 내 아이들은 완전히 잘못 알고 있었던 것이다.

곱씹어보니 아이들은 종종 "엄마 생각대로 넘겨짚지 마세요.", "내가 말하려던 건 그게 아니야."라는 말을 했다. 그때는 대수롭지 않게 흘려들었지만, 지금 생각하면 아이들의 절규에 가까운 신호였다. 상담 이후 나는 아이들에게 정말 미안했고, 또 고마웠다. 서로 정반대되는 기질을 극복하며 나를 따라오느라 분명 힘들었을 텐데, 엄마를 사랑하고, 내가 전해준 가치를 믿었기 때문에 묵묵히 애써왔던 것을 알게 됐기 때문이다.

이 경험은 내게 큰 전환점이 되었다. 아이들은 결코 '나의 미니미'가 아니었다. 나의 분신도 아닌, 완전히 독립된 인격체였다. 그 사실을 받아들이자 비로소 아이들과의 대화도 달라졌다. 이제 나는 다름을 기본값으로 두고 아이들의 말을 끝까지 들어주려 노력한다. 그랬더니 아이들도 "엄마가 뭐든 다 안다고 단정 짓지 않고, 진짜로 우리를 존중해 주는 것 같다."며 만족해했다.

나는 가족과 오랜 세월을 함께 살아왔기에 배우자와 아이들에 대해서만큼은 다 알고 있다고 착각했다. 하지만 그렇지 않았다. 그렇다면 학습은 어떨까? 앞서 MBTI가 학습 방식의 차이를 보여주듯, 기질 또한 학습 접근 방식에 중요한 단서가 된다. 결국 아이들의 기질을 이해하고 그에 맞게 학습을 설계할 때, 진정한 의미의 '개별화 학습'이 가능해지는 것이다.

TCI 검사란

Temperament and Character Inventory 즉, 기질 및 성격 검사는 크게 네 가지 요소를 기반으로 개인의 기질을 분석한다.

1) 새로움 추구(Novelty Seeking, NS)

2) 위험 회피(Harm Avoidance, HA)

3) 보상의존(Reward Dependence, RD)

4) 지속성(Persistence, P)

각 기질은 점수에 따라, 고, 중, 저로 나뉘며 이를 조합하여 기질을 설명할 수 있다. 여기서는 대표적인 유형을 간추려 설명하고, 각 기질의 특성에 맞는 학습 전략과 주의점을 함께 정리해 보도록 하겠다.

1. NS(새로움 추구)가 높은 아이

새로움 추구(NS)가 높은 아이들은 호기심이 많고 새로운 자극에 쉽게 반응한다. 반복적인 학습을 지루해하며, 실험적이고 창의적인 활동에서 흥미를 보인다. 이러한 성향 때문에 충동적으로 행동할 수도 있다. 이 유형의 학습자에게는 교재 위주의 수업보다 프로젝트, 영상, 게임, 퀴즈 같은 자극적 활동이 효과적이다. 또한 짧은 시간에 집중하는 경향이 있으므로 다양한 활동 간 전환을 빠르게 유도하면 좋다. 다만 산만해질 수 있으므로 시간제한과 목표 설정이 필요하고, 시작에만 그치지 않도록 끝맺음을 도와주는 지도가 중요하다.

2. HA(위험 회피)가 높은 아이

위험 회피(HA)가 높은 아이들은 불안이 많고 실수를 두려워해 매우 신중하다. 실패에 민감해 시험이나 발표 전 긴장과 두려움을 크게 느끼며, 낯선 환경에서는 소극적인 태도를 보일 수 있다. 이러한 학생에게는 도전을 강요하기보다 안정적인 환경과 반복 연습이 필요하다. 작은 성공을 자주 경험하게 하여 자신감을 쌓도록 돕고, 실수에도 긍정적 피드백을 주어야 한다. 또한 비판보다는 격려 중심의 피드백이 효과적이며, 긴장 완화 활동을 학습 과정에 함께 적용하면 안정적인 성장을 도울 수 있다.

3. RD(보상의존)가 높은 유형

보상 의존(RD)이 높은 아이들은 칭찬에 민감하고 관계 중심적인 성향을 가진다. 교사나 부모의 반응에 따라 동기가 크게 좌우되며, 혼자 공부하기보다는 협동 활동이나 친구와 함께하는 학습에서 강점을 보인다. 따라서 역할이 있는 팀 과제나 또래 멘토링이 효과적이고, 즉각적인 칭찬과 피드백이 학습 의욕을 유지하는 데 도움이 된다. 스티커, 칭찬 노트와 같은 긍정 강화 전략도 유용하다. 다만 타인의 인정에 지나치게 의존하지 않도록 주의하며, 자기 성취감을 키우고 혼자 학습하는 훈련을 통해 균형을 잡아야 한다.

4. P(지속성)이 높은 아이

P(지속성)이 높은 아이는 말 그대로 근성의 소유자로 반드시 끝까지 해내는 힘을 지녔다. 쉽게 포기하지 않고 목표를 향해 꾸준히 나아가며 집중력이 강하고 성실하다. 반복 학습을 잘 견디는 강점을 지니고 있다. 장기 목표를 설정한 뒤 세분화된 계획을 세워 이를 꾸준히 실천하도록 하는 것이 좋다. 또한 성취를 시각화할 수 있는 체크리스트나 달력 등을 활용하고 도전 과제를 주면 성취욕이 발동되어 더 열심히 하려고 한다. 다만 완벽주의로 인해 스트레스를 받을 가능성이 있다. 그리고 실패에 대한 유연성 훈련도 수반되어야 한다.

위에서 언급한 것들은 기질이다. 아이들의 기질은 타고나는 것이다. 그래서 이것은 좋고 나쁨이 아니다. 다만 이 기질들을 그대로 인정하고 환경을 설계하여 개별화된 학습을 할 수 있도록 한다면 아이의 학습에 큰 도움이 될 것으로 보인다.

모든 뇌는 다르게 배운다

최근 뇌과학자들은 '모든 뇌는 다르게 배운다'는 점을 강조하고 있다. 뇌과학자인 데이비드 에이. 소사(David A. Sousa)는 그의 대표 저서 『How the Brain Learns(뇌는 어떻게 배우는가)』에서 일란성 쌍둥이에게서조차 똑같은 뇌는 존재하지 않는다고 주장했다. 뇌의 구조와 발달 속도, 학습 처리 방식은 개인마다 다르므로, 획일적인 수업 방식은 비효율적일 수밖에 없다고 강조한다. 또 쥬디 윌리스(Judy Willis)도 그의 저서 『Research-

Based Strategies to Ignite Student Learning(학습을 점화하기 위한 전략을 기반으로 한 연구)』에서 우리는 뇌가 연결된 방식을 존중하는 방식으로 아이들을 가르쳐야 하는데, 모든 뇌는 다르게 연결되어 있다고 주장하였다. 실제로 fMRI(기능적 자기공명영상) 연구 결과, 동일한 자극에 대해서도 학습자의 뇌는 각기 다르게 반응한다. 이는 개개인의 뇌 구조와 발달 속도, 신경회로의 연결 방식이 다르기 때문이다.

같은 교실의 서로 다른 뇌

고등학교에 가면 아이들이 흔히 말하는 역사 괴물, 물리 괴물, 수학 괴물들이 생겨난다. 다른 과목들은 그냥 그런데 특정 과목에서 단순히 잘하는 것 이상의 탁월한 능력치를 지니는 아이들을 일컫는 말이다. 어떤 아이들은 단어장을 한번 훑어보는 식으로 공부해도 단어 암기를 한다. 그런데, 어떤 아이들은 아무리 쓰고 소리 내어 외우도록 해봐도 암기가 세상에서 제일 어렵다고 말한다.

흔히 알고 있듯이 좌뇌형과 우뇌형 학습자의 정보처리 방식은 매우 다르다. 내가 가르치는 아이들 중에서는 영어 서술형 문제는 늘 손도 못 대겠다고 하는 녀석이 있다. 그런데 들어보니 수학은 늘 1등급을 맞는다고 했다. 또 다른 아이는 글을 정말 잘 써서 실제로 웹 소설가로 활동 중이나 수학만 보면 화가 치민다고 했다. 수학을 잘하는 학생들은 좌뇌 우세형으로 알려져 있으며 논리적이고 분석적인 정보 처리에 강하다. 수학이나 과학적 사고에는 익숙하지만, 언어를 이미지적으로 다루는 우뇌 기반 과제에는 어려움을 겪는다. 우뇌 우세형인 학생들은 전체적으로 직관적인 사고에 능하며, 창의적인 글쓰기나 이미지 연상에 뛰어나다. 그러나 수학 공식 같은 추상적 논리는 부담을 느끼기도 한다. 그러므로 같은 교과라도 뇌의 정보 처리 스타일에 따라 학습 성향이 달라진다는 것은 우리가 더 이상은 개별화 학습을 미룰 수 없다는 이유가 된다.

배움의 속도 차이

또 이런 경우도 있다. 한 아이는 새 문법 개념을 설명하면, 금방 이해하고 문제도 척척 풀었다. 반면 같은 반 다른 아이는 이해가 더딘 편이었다. 하지만 시간이 지나고 복습을 시킬수록 후자인 아이도 처음보다 훨씬 정리된 상태로 문제를 풀었고, 며칠 뒤 시험에서는 둘 다 비슷한 점수를 받았다. 학습 정보 처리 속도가 빠른 유형들은 시냅스 간 전기 신호 전달이 빠르게 이루어진다. 그래서 처음 듣는 정보도 즉각 처리할 수 있다. 느긋한 처리형들은 학습 초기에는 반응이 느리지만, 반복과 시간에 따라 신경 회로가 안정적으로 강화(synaptic consolidation)되어 장기 기억에 더 잘 저장된다. 따라서 속도가 빠르다고 무조건 좋은 것도 아니고 느리더라도 깊이 있게 배우는 방식으로 충분히 성공할 수 있다. 이것은 코치의 위치에 있는 교사와 부모 모두에게 중요한 메시지가 된다.

뇌과학은 이제 똑같은 방식의 학습이 모든 학생에게 동일한 효과를 주지 않는다는 점을 명확히 보여주고 있으며, 이는 개별화 학습의 과학적 근거가 된다. 따라서 학생 한 사람 한 사람의 뇌는 고유하며, 그 뇌가 최적의 상태로 학습하도록, 맞춤형 학습 전략을 세우도록 돕는 것이 바로 전문 코치의 가장 주요한 역할이 된다.

5
아이마다 다른 공부 리듬: 생체시계 활용하기

아침형 인간, 카공족

　나는 고등학교 때 경제 과목이 그렇게 어려웠다. 아무리 시간을 들여도 이해가 잘 되지 않았다. 결국 공부를 미루고 미루다가 시험 날이 다가왔고, 불안한 마음에 밤을 새워 경제 시험공부를 하였다. 엄마가 새벽에 일어나셔서 밤새 공부한 나를 보고 "너, 그렇게 잠 안 자고 공부하면 시험 더 못 봐!"라고 말했다. 엄마의 말대로 경제 시험을 망쳤다. 시험을 망치고 와서 엄마가 그렇게 말한 탓이라고 징징댈 수 있어 그나마 다행이었다.

　나는 일찍 자는 편이다. 10시경만 되면 졸려서, 야자를 하던 때에도 학교에서 돌아와 바로 씻고는 11시 이전에는 무조건 잠자리에 들었다. 고3 때도 11시를 넘겨서까지 공부하지 못했다. 말 그대로 너무나 졸렸기 때문이다. 그래도 공부를 해야 한다는 압박감에 자정을 넘겨서 책상 앞에 앉아 있어 봤으나, 그건 앉아서 불편하게 자는 것뿐이었다. 그 대신 나는 아침에 일찍

깨는 것이 수월했다. 보통은 아침 6시에 일어나 독서를 하다가 학교에 가거나, 차라리 일찍 학교에 갔다. 전날 배운 것들을 복습하거나, 단어 암기를 하거나, 과목별로 모르는 용어나 개념들에 대해서 사전을 찾아 정리했다. 그날그날 해야 할 일들에 대한 학습 플래닝으로 하루 일과를 시작하는 그 오전 시간대의 공부가 내게는 매우 효율적이었다. 아주 가끔씩은 밤늦게 해야 하는 일들도 있었는데, 에세이나 독서감상문 같은 숙제는 조금 늦은 시간까지도 집중력을 유지할 수 있었다.

내 친구들은 조용한 독서실에서 공부가 제일 잘된다고 하는데, 나는 독서실에서는 답답하기만 하고 당최 공부하기가 어려웠다. 대신에 사방이 트인 공간에서 여럿이 공부하는 지역 도서관이나 카페, 심지어 버스 안에서 이동 중에 공부할 때 훨씬 집중도가 올라갔다.

우리 아이 생체시계 활용하기

인간의 몸은 약 24시간 주기로 생물학적 리듬을 반복한다. 그런데 이 리듬은 사람마다 조금씩 다르며, 특히 청소년기에는 평균적으로 '저녁형' 리듬을 보이는 경향이 강하다고 한다. 국내외 연구에 따르면, 중고등학생들의 수면시간과 학습 시간이 생체 리듬과 맞지 않을 때, 집중력, 기억력, 감정조절 능력이 모두 떨어지는 것으로 나타났다고 한다. 그러니, 너무 이른 아침에 시작되는 수업은, 실제로는 뇌가 깨어 있지 않은 시간대에 진행되기 때문에 효율이 낮아질 수밖에 없다.

따라서 생체 리듬에 맞춘 학습 전략을 준비하는 것이 필요하다.

우선은 자기 생체 리듬을 인식하는 연습을 해야 한다. 하루 중 언제 가장 머리가 맑은지, 언제 집중력이 떨어지는지를 기록하게 하여 학습 고효율 구간을 파악한다. 이때 다음의 간단한 질문 세 가지를 활용해 보자.

'언제 가장 집중이 잘 되는가?'
'어느 때에 가장 졸린가?'
'어떤 시간에 공부한 내용이 더 오래 기억에 남는가?'

이 세 가지 질문을 바탕으로 간단한 생체리듬 효율 시간을 확인한 다음, 중요한 학습을 두뇌가 깨어 있는 시간대에 배치한다. 예를 들어 아침형인 학생이라면 아침 시간을 활용하여 개념 학습을, 저녁형 학생이라면 오후나 저녁 시간을 활용해 암기와 정리를 하는 것이 더 효과적이다. 짧고 집중적인 학습 블록을 권장한다. 뇌는 90분 주기로 각성 상태와 휴식 상태를 반복한다는 울트라디안 리듬(Ultradian Rhythm)을 따른다. 따라서 보편적으로 50분 학습 후 10분 정도의 휴식은 오히려 학습 효율을 높이는 방식으로 접근하여 본인의 집중 시간에 적용해 볼 필요가 있다.

내게 맞는 패턴을 찾아야 공부가 달라진다

코칭이 시작되면 가장 먼저 하는 일은 생활 패턴을 점검하는 것이다. 아이들에게 하루와 일주일의 생활을 기록하게 하고, 이를 함께 살펴본다. 기상과 취침 시간이 적절한지, 수면이 충분한지, 집중력이 가장 좋은 시간대에 공부를 하고 있는지, 혹은 운동이나 다른 활동으로 흘려보내고 있지는 않은지를 꼼꼼히 점검한다.

흥미롭게도 어떤 아이들은 이미 본능적으로 자신의 생체리듬에 맞게 학습과 휴식을 조율하고 있었다. 그러나 또 다른 아이들은 "늦게까지 앉아 있어야 공부를 한 것"이라 믿으며, 오히려 수면 부족으로 학교 수업에 집중하지 못하는 악순환을 겪고 있었다. 늦은 밤 공부가 성적 하락으로 이어졌지만, 정작 본인은 노력 대비 결과가 좋지 않아 좌절하고 자신감을 잃은 것이다.

이러한 학생에게 특별한 학습법을 가르치진 않았다. 단지 취침 시간을 앞당기고 아침에 조금 일찍 일어나도록 생활 리듬을 조정했을 뿐이다. 늦은 밤과 새벽이 아니라 오전과 낮 시간대로 공부 시간을 옮겼고, 짧은 집중력을 고려해 타이머를 활용해 학습과 휴식을 교대로 운영했다. 이 단순한 조정만으로도 학생은 효율적으로 공부할 수 있었고, 자신감을 되찾기 시작했다.

이 사례가 말해주는 것은 분명하다. 아이들은 각자 다른 생체리듬과 집중 시간, 학습 속도를 가지고 있다는 사실이다. 따라서 학습의 개별화는 더 이상 부가적인 요소가 아니다. 오늘날 교육에서 반드시 지켜야 할 본질적 과제다. 이제 교사와 부모, 곧 아이 곁을 지키는 코치는 "무엇을 가르칠 것인가?"라는 질문을 넘어, 더 본질적인 질문을 던져야 한다.

"이 아이는 언제, 어떻게 배울 때 가장 빛나는가?"

그 질문에 답할 때, 아이는 자신만의 방식으로 역량을 키우고, 배움은 진정으로 살아 움직이게 된다.

2부

아이를 성장시키는
네 가지 역량

성장의 불꽃을
일으키는 이유의 힘
- 동기

"이유를 찾으니, 점수가 저절로 따라왔습니다."

❶
영어 금쪽이가 올 100을 맞은 이유

공부 동기의 진정한 힘

　민우는 중학교 3학년 1학기까지 단 한 번도 영어 점수에서 90점을 넘긴 적이 없는 학생이었다. 민우의 영어 최고 점수는 89점, 늘 그 언저리에 머물렀다. 딱히 부족하다기보다는, 그만큼의 노력을 하지 않았다. 민우는 수학에서만 90점대를 유지했고, 국어나 사회 같은 과목도 늘 80점대 후반을 맴돌았다. 무려 과학은 60점대 초반에서 머물러 있었다. 그랬던 민우가 어느 날, 말했다. "선생님 저 이번 시험에서 모든 과목 다 100점 맞았어요."라고. 순간 나는 농담인 줄 알았다. 하지만 민우의 말은 사실이었다. 나는 너무도 궁금해서 대체 어떻게 그런 성적을 받은 것인지 물었다. 그랬더니 민우는 "저는 뭔가 꼭 갖고 싶은 게 있거나, 이기고 싶은 상대가 있어야 집중해서 공부가 돼요. 이번 시험을 앞두고 엄마한테 '전 과목 100점 맞으면 최신 ㅇㅇ폰 사주세요.'라고 말했거든요."라고 했다. 민우는 어머니에게 시험에서 전 과목 만점을 받으면 새 휴대폰을 사달라고 제안했다. 어머니는 속으로 '설마 100점을 맞을까?'하고 생각했기 때문에 선뜻 허락하셨다고 한다. 아이가 어차피 못 맞을 점수라면 폰을 사줄 일도 없을 테고, 혹여 성적이 오른다면 그것만으로도 좋은 일이라 여겼다고 했다.

그런데 어머니의 '허락' 이후 민우는 완전히 다른 사람이 되었다. 간절히 원하던 '최신폰'이 너무나도 큰 동기부여가 되었기 때문이다. 민우는 공부하기 위해 먼저 전략을 세우기 시작했다. 과학을 잘하는 다른 학교 친구에게 연락해 좋은 점수를 받는 비법을 물었고, 그 친구가 알려준 방식을 그대로 따라 공부했다. 이전까지는 영어 공부를 하면서 내게 질문을 한 적이 없었지만, 이번에는 달랐다. 모르는 것은 끝까지 물었다. 완전히 이해될 때까지, 끈질기게 질문했다. 그리고 마침내, 모든 과목에서 100점을 받았다. 민우는 자신의 목표를 이루었고, 어머니와의 약속도 지켰다.

② 아무것도 하기 싫다는 말의 진짜 뜻

공부 동기가 필요한 아이들

아이 스스로 불을 낼 수는 없다. 하지만 옆에서 코치가 작은 불씨를 지펴 줄 수는 있다.

정환이는 내게 영화에 나오는 AI 로봇 같은 이미지이다. 엄청 똑똑한데, 흐트러짐이 없고, 주어진 과제들을 성실히 수행한다. 감정적이지 않으면서 매사에 정확한 아이이다. 그런 정환이의 고민은 아이러니하게도 늘 "하고 싶은 게 없다."는 것이었다. "어른이 된 다음에는 아무것도 안 하고 사는 게 꿈이에요. 그런데 그렇게 아무것도 안 하면서 살려면 돈이 있어야 하니까 그 돈을 벌기 위해서 직업을 가져야 하는데, 그 직업을 갖기 위해 지금 무엇을 선택해야 할지 모르겠어요. 그리고 무엇을 해야 할지 모르겠으니 공부하기가 너무 싫어요." 꽤나 납득이 되는 말이었다. 그리고 이것은 비단 정환이만의 고민이 아니라, 많은 아이들이 지닌 생각이다. 그래서 아이와 상의 끝에 MTLC 검사 후 동기 역량을 강화하는 코칭을 시작하였다.

자원 관리 역량으로 이어진 동기 역량 코칭

3개월간 이어진 동기 역량 코칭에서는 '왜 공부를 하는지', '내게 공부가 어떤 의미인지', 그리고 '무엇을 공부해야 하는지'에 대한 풍부한 내용이 다루어졌다. 이제껏 목표 없이 그저 공부를 하느라 생각해 보지 않았던 '공부의 참 의미'를 코칭하던 중, 정환이가 말했다. "선생님, 코칭을 하다 보니 모든 것이 다 싫다고만 말하면서 대충대충 지내면 안 될 것 같다는 생각이 들었어요. 그래서, 말씀하신 대로 여러 가지를 생각해 보았는데, 저는 컴퓨터 쪽 공부가 그래도 재미있을 것 같아요. 그래서 코딩을 배워보고 싶은데, 선생님이 제게 맞는 코딩 선생님을 찾아주실 수 있나요?" 똑똑한 아이여서인지 학습 코치의 정체성에 대해서도 명확히 알고 있었다. 코칭 첫 회기에서 정환이와 코치로서 서약하면서, "학습 코치는 너의 학습의 모든 상황을 돕는 사람이다."라고 말했던 부분을 기억하고 전한 말이었기 때문이다. 그래서 나는 정환이를 위해 네다섯 군데 코딩학원이나 과외 선생님을 알아보았다. 그중 아이의 상황과 바람에 맞추어 선정된 두 곳을 아이의 부모님께 전달하고 부모님께서 아이와 상의 후 최종 선택하여 코딩 공부를 시작할 수 있게 해 주었다. 동기를 코칭했는데, 행동 역량의 자원 관리도 터득하게 됐다.

코칭으로 만든 동기, 부모가 만든 기회

　코칭 기간 중 정환이는 가족과 함께 미국에 있는 친척네로 여행을 가게 됐다. 코칭을 쉬어야 하나 잠시 생각했었으나 선배 코치님들이 하시는 것처럼, '줌'으로 이어갔다. 그곳에서 본 미국의 모습을 나누며, 미국에 가기 전과 경험하고 나서의 생각의 변화들에 대해서도 이야기 나누었다. 부모님께도 단순히 여행만 즐기시는 것이 아니라, 기회가 된다면 가까운 학교에 방문하여 그곳 학생들의 모습과 학교생활에 대해서도 정환이가 볼 수 있게 해달라고 요청드렸다. 정환이의 가족은 친척의 집에 머무를 예정이었기 때문에, 친척에게 요청하여 인근 학교에 방문해 보겠노라고 했다. 실제로 그렇게 하여 정환이는 일주일 동안 방문식으로 현지 학교를 살펴볼 기회를 가졌다. 미국에 다녀온 아이는 부모와 상의하여 직업을 미국에서 갖고 살고 싶다는 바람을 가지게 되었다.

　그 후 나와 회화 수업을 이어가며 국제 고등학교에 진학하였고, 벌써 2학년이 되어 현재는 미국에 있는 대학으로 유학을 갈 준비를 하고 있다. 정환이는 코칭을 하며 공부의 의미와 방향성을 진지하게 고민하던 중이었기 때문에 '미국에서의 공부'라는 가능성을 발견할 수 있었고, 그것을 결정까지 할 수 있었노라고 했다. 코칭을 통해 공부의 의미를 생각해 보지 않았더라면, 그냥 여행으로 끝내고 왔을 것이라고도 했다. 정환이와 마찬가지로 우리 아이들은 하고 싶은 것이 없는 게 아니라 하고 싶은 일을 어떻게 찾는지 모를 뿐이라는 생각이 들었다. 그래서, 그것을 찾고 그 찾은 바를 이루기 위해 노력하도록 돕는 조력자가 반드시 필요하다는 것을 절감했다.

정환이의 경우에서 보듯이, 코칭은 단순히 점수를 몇 점 올린다거나 학생이 들어갈 수 있는 대학을 기필코 바꾸는 과정이 아니다. 그보다는 아이와 함께 생각하고, 함께 고민하고, 함께 노력해 줌으로써, 궁극적으로는 학습뿐만이 아니라, 삶의 전반에서 강화된 역량으로 행복한 삶을 누리도록 돕는 과정이라고 할 수 있다. 단순히 점수만을 올리는 기계로서 아이들을 바라보는 것이 아니다. 자기 자신을 충분히 이해하여 자신의 관념이나 태도, 자기주도적 행동을 변화시킬 수 있는 무한한 잠재력을 가진 가능성 있는 한 인간으로서 학습자(학생)를 바라보는 것이 코칭의 기본정신이다.

③

동기를 만드는 힘

마음이 변할 때 시작되는 진짜 배움

민우와 정환이의 이야기는 단순한 우연이 아니다. 교육심리학에서는 이러한 동기부여를 외적동기(extrinsic motivation)라고 정의한다. 보상이나 인정, 경쟁심 등 외부의 자극이 학습 행동을 유발하고 지속시키는 방식이다. 동기이론의 대가인 에드워드 데시(Edward L. Deci)와 리처드 라이언(Richard Ryan)이 주장한 자기 결정이론(Self-Determination Theory)에 따르면, 학습자가 자신의 목표를 '자율적으로 선택'할 때 그 학습은 더 강력한 동기를 지니게 된다. 민우는 최신 휴대폰이라는 명확한 보상을 위해 스스로 계획을 세우고 실행한 것이다. 또한, 목표 지향 이론(Goal Orientation Theory)에서는 '성취 목표'가 학습자의 행동을 결정짓는 주요 요소임을 강조한다. 민우는 단순히 '좋은 점수'를 넘어서, 구체적이고 측정 가능한 목표(전 과목 100점)를 세웠다. 이러한 구체적 목표는 설정은 실제 성취로 이어질 가능성이 높다.

흥미로운 점은, 민우에게 커다란 동기가 주어진 뒤, 민우가 학습에 접근하는 방식 자체도 바뀌었다는 것이다. 이전에는 '그냥 공부'를 했다면, 이번에는 '효율적인 공부'를 선택했다. 도움을 요청하고(자원 활용), 질문하고, 피드백을 구하고, 이를 반복했다. 이는 메타인지 전략의 활성화로, 동기부여가 학습 전략의 질을 변화시킨 대표적 예라 할 수 있다.

민우의 사례를 통해 학습은 단지 의무가 아니라, 의미 있는 목표와 연결될 때 훨씬 더 강력한 힘을 갖게 된다는 것을 알 수 있다. 그러므로 학생들이 스스로에게 가치 있다고 느끼는 목표를 세우게 도와야 한다. 그것이 최신 휴대폰이든, 엄마의 칭찬이든, 경쟁심이든 상관없다. 중요한 것은 동기의 방향이 학생의 행동을 바꿀 수 있다는 사실이다. 아이의 가능성은 때로, 단 하나의 동기에서 시작된다. 교사와 부모가 코치로서 해줘야 할 일은 그것을 허락하고, 응원하고, 지켜보는 일이다. 누군가는 민우처럼, 지금 그 계기를 기다리고 있을지도 모른다.

꿈을 이루기 위한 아름다운 동행, 학습 코칭

25년간 영어를 가르치면서 아이들의 눈빛이 바뀌는 순간을 여러 번 목격해 왔다. 그 변화는 단순히 성적이 오르는 것 때문이 아니었다. '왜 공부를 해야 하는가'를 스스로 깨달은 아이는 자세부터 달라졌다. 공부는 마음에서 시작되는 여정이며, 그 출발점은 '동기'이다. 물론 부모가 아이의 동기 부여를 도와줄 수는 있다.

하지만 이 책 초반에 언급했듯이 학습에 대한 동기가 약화될 수밖에 없는 교육 환경 속에서, 부모의 역할만으로는 부족한 경우가 많다. 따라서 이 시대는 '학습 코치'라는 전문가의 필요성이 더욱 강조되고 있다. 고려대학교 민철홍 교수는 국내 학습코칭 분야의 선구자 중 한 사람이다. 그는 학생 개인의 특성을 반영한 개별화를 통해 맞춤형 코칭의 필요성을 주장하며, 인지 역량, 동기 역량, 사회정서 역량, 행동 역량 개념을 체계화했다. 그와 그의 팀이 개발한 MTLC(다면적 학습 역량 검사)는 실제 교육 현장에서 아이들의 학습 역량을 정밀하게 진단하는 데 도움을 주고 있다. 이러한 전문가의 도움이 필요한 이유는 명확하다. 아이는 자신의 약점을 스스로 인지하지 못하고, 부모는 감정적 거리 때문에 오히려 코칭이 어려워지는 경우가 많기 때문이다.

반면 학습 코치는 객관적인 진단 도구와 전문적인 대화 기술을 통해 아이가 자신의 학습패턴을 인식하고 변화의 주체가 되도록 도우며, 아이가 학습의 목표를 이루기까지 동행하도록 훈련받은 학습 전문가들이다. 부모가 따뜻하게 지지해 주는 역할을 계속하는 동안, 전문가인 학습 코치는 아이에게 실질적인 '학습 역량 강화의 장'을 제공한다. 이 두 존재가 함께할 때, 아이는 학습의 여정을 무사히 마칠 수 있다.

함께 하는 자기조절 학습

코칭은 더 이상 존재하지 않는 능력이 되어 버린 자기주도 학습 대신 자기조절 학습이 지속되도록 돕는다. [4]자기주도 학습(Self-Regulated Learning, SRL)이란 학습자가 학습의 목적을 달성하기 위하여 '스스로 학습에 필요한 과정들을 체계적으로 주도하는 과정'을 말한다. 즉, 학습에 필요한 목표 설정, 계획 수립, 실행, 피드백, 감정관리까지를 순차적이고 유연하게 조정해 나가는 능력이다. 쉽게 말해 자기주도 학습이 '혼자서 완벽히 해내는 것'이라면, 자기조절 학습은 '도움을 받아 가면서 끝까지 해내는 것'에 가깝다. 겉보기엔 비슷한 말이지만 자기주도 학습과 자기조절 학습은 분명히 다르다.

아이들은 완벽하지 않다. 하루는 의욕이 넘치다가도 다음날은 무기력에 빠진다. 한 주는 성실히 과제를 하다가도, 다음 주엔 몰아서 벼락치기를 한다. 그러나 이것은 실패가 아니다. 따라서 "너는 왜 이러니?"라는 질책이 아니라, "지금 어떤 감정이 들고, 어떤 상황이 있었는지, 그리고 다음엔 어떻게 하면 좋을까?"를 물어야 한다. 학습 코치는 단순히 '공부하자'는 말을 반복하고, 공부 스킬을 가르쳐 주는 사람들이 아니다. 아이의 내면을 읽고, 패턴과 역량을 진단하며, 지금 아이에게 필요한 작은 실천부터 함께 설계한다. 복잡한 시대의 자극 속에서 등대처럼 방향을 잡아주는 동행자이다.

---

4 Zimmeman&Schunk, 2001

4

성적보다 중요한 뇌의 작동 방식

공부에 대한 태도도, 이해하는 속도, 집중하는 방식도 아이마다 다르다. 어느 아이는 문제를 빠르게 풀지만 실수를 많이 하고, 어떤 아이는 느리지만 끝까지 놓지 않고 생각했다. 처음에는 그저 '머리가 좋다, 나쁘다' 혹은 '성실하다, 게으르다'는 단순한 시선으로 아이들을 바라보았다. 하지만, 어느 순간부터 그것만으로는 설명되지 않는 '차이'가 보이기 시작했다. 비슷한 시간과 노력을 들였는데도 왜 어떤 아이는 성적이 오르고, 어떤 아이는 늘 제자리걸음인 것일까? 그 답을 찾아가는 여정에서 만난 것이 학습 코칭이었고, 그 핵심에서 마주한 키워드가 바로 '인지 역량'이다.

공부의 도구 활용하기

인지 역량이란 한 개인이 구체적인 목표를 성취하는 데 도움이 되도록 연습, 요약, 재조직, 정보의 저장 및 산출, 분석 등과 같은 방법을 사용하여 정보를 조작하거나 변형하는 것[5]을 말한다. 인지적 학습 역량에는 시연, 정교화, 조직화라는 세부 역량이 포함되어 있으며 이들은 다시 수행해야 할 과제의 난이도에 따라 기본적인 것과 복잡한 것 등 두 가지로 나눈다. 결국 인지 역량이란 학습자가 학습 과제를 보다 효율적으로 해결하기 위해 사용하는 방법이나 이를 조정하는 일련의 의식 집합체라고 민철홍 교수는 언급한다.

쉽게 말하면, '공부의 도구'들이다. 이 도구가 잘 동작하지 않거나, 도구를 활용하는 방법을 모르면 아무리 좋은 교재나 훌륭한 교사를 만나도 학습 효과는 반감될 수밖에 없다. 흔히 '노력하면 된다.'고 말한다. 그런데, 마치 누군가가 나무를 맨손으로 썰고자 애쓰는 것처럼 '도구' 없이 무작정 공부를 한다면 헛수고가 될 수밖에 없다. 그런데 이 도구들은 우리 아이들에게 이미 내재되어 있는 것이며, 이것은 훈련과 코칭으로 강화될 수 있다.

학습의 중심축이 되는 주의 집중력

인지 역량에서 가장 중요한 세부 역량은 주의 집중력이다. 공부를 잘하고 싶다면, 주의 집중력을 먼저 점검해야 한다. 아이들도 공부는 하고 싶은데, 도무지 집중이 안 돼서 힘들다는 말을 많이 한다. 코칭을 하며 물으니, 책상에 앉았다가도 금방 일어나게 된단다. 수업 시간에 창밖만 멍하니 바라보게 된다든지, 문제를 풀다가 엉뚱한 것을 꺼내서 만지작거리느라 시간을 다 써

---

[5] Oxford&Crookall, 1992; Rubin, 1994

버리고, 시험 시간에도 문제를 끝까지 읽기가 힘들어서 제대로 풀 수가 없다고 했다.

주의 집중력은 단순히 '한 가지 일'에 몰입하는 것을 말하는 것이 아니다. 우리의 뇌는 매 순간 수많은 자극 속에서 '지금 가장 중요한 일'을 선택하고, 덜 중요한 것을 걸러내는 선택적 주의 집중(selective attention) 기능을 수행한다. 이것은 뇌의 전두엽이 담당한다. 전두엽은 말하자면 우리 뇌의 지휘자 같은 역할을 한다고 할 수 있다. 우리 뇌의 지휘자의 역할은 계획 세우기, 감정 조절 충동 억제, 기억 활용, 목표 지속 같은 차원 높은 인지 능력이라 할 수 있다. 그중에서도 주의 집중력은 학습의 중심축이라고 할 수 있다. 이 전두엽이 잘 발달한 아이는 산만한 자극은 걸러내고, 현실 과제에 집중하며, 충동을 조절하고, 끝까지 생각을 이어갈 수 있다. 반대로 전두엽 조절 기능이 약한 아이는 외부 자극에 쉽게 휘둘리고, 주의 전환이 잦으며, 공부 시작은 늦고, 마무리는 늘 흐지부지하게 끝난다. 이러한 경우, 학습 자체의 문제가 아니라 뇌의 사용 방식이 문제일 수 있다.

자극 필터링 기능이 부족해지면 주의 집중력이 저하된다. 이러한 경우 아이들은 '공부', '소리', '움직임' 등의 자극을 구분하지 못하고, 모든 자극에 동일하게 반응한다. 결과적으로 공부에 몰입하지 못하고 금방 산만해진다. 또한 주의력은 도파민이라는 신경 전달 물질과 밀접한 관련이 있다. 도파민은 보상예측, 동기유발, 주의 지속과 관련된 물질인데, 주의력에 어려움을 겪는 아이의 경우 도파민의 분비나 수용 과정에서 문제를 가진다. 그래서 지루하거나 반복적인 활동에 집중하지 못한다. 이미 현대 시대를 살아가는 모두가 알고 있듯이 이러한 도파민 시스템의 불균형은 끊임없는 디지털 자극이 가장 큰 원인이다.

우리의 뇌가 '일반적이고 지속적인 즐거움'에 무뎌지고 있는 것이다. 현대인들이 끊임없이 시청하는 짧고 강렬한 영상들에 대한 노출은 도파민을 폭발적으로 분비하게 만들고, 이것이 반복되면 뇌가 더 이상 '소소한 즐거움'이나 '작은 성취감'으로는 만족하지 못하게 된다. 그래서 집중력이 필요한 활동은 지루하고 무의미하게 느껴지게 된다. 과도한 게임이나 SNS 활동에서 즉각적인 보상 시스템에 익숙해진 뇌는 '지연된 보상(시험공부, 책 읽기, 프로젝트 완수)'에 대한 인내심이 줄어들게 만든다. 당장의 즐거움을 찾느라 장기적인 목표엔 집중하지 못하게 되는 것을 말한다.

도파민 시스템은 보통 밤에 수면을 통해 회복되고 재조정되기 때문에, 수면이 부족하면 도파민 분비도 불규칙해지고 감정 기복도 심해지게 된다. 현대의 바쁜 청소년들은 수면의 질과 양이 떨어지기 때문에 이것이 도파민 시스템의 불균형을 초래하여 결국 집중력 저하로 이어지게 할 수 있다는 이야기다. 또 지속적인 스트레스에 노출되는 것도 도파민 분비를 억제하거나 고갈시킨다. 이것이 이 시대에 무언가를 해보기도 전해 이미 지쳐 있는 아이들이 많은 이유이기도 하다.

한 아이의 인지 역량 성장을 위해 코치가 된 나

은수는 예의도 바르고 성격도 좋은 학생이다. 그림도 잘 그리고, 손재주가 뛰어났으며, 컴퓨터 활용을 잘하는 학생이었다. 그런데 이 아이는 공부만큼은 아무리 하라고 해도, 어떤 방법을 써도 절대로 하지 않았다. 정말 조금의 노력도 기울이지 않았다. 단어를 하나 외우라 해도 무조건 외우기 싫다고만 하고, 그러다가 조금 미안했는지 발음을 몰라 못 읽겠고, 그래서 외우기가 싫다고 했다. 발음을 알려주겠다고 하니 그마저도 싫다고 했다. 사실 은수는 느린 학습자(Slow Learner)였다. 처음부터 바로 알고, 바로 이해하긴 어렵더라도 차근차근 따라오고 반복하면 할 수 있는데, 학원에는 오면서도 아무것도 하기 싫다고 하는 이 녀석이 미워지기 시작했다. 그렇게 포기하고 싶던 찰나에 학습 코칭을 만나게 되었고, 학습 코치가 되었다.

은수에게 공부를 하라는 대신 공부를 해야 하는 이유를 가르쳐 주고 싶었다. 학습의 성과를 단번에 이루지 못해도 괜찮고, 반복이 학습에서 가장 중요한 것임을 은수에게 알려주고 싶었다. 그래서 남들보다 열 번 더 반복해야 하더라도 은수는 할 수 있는 사람이라는 것을 알려주고 싶었다.

학습 코치 자격증을 받던 날 은수에게 말했다.
"은수야, 선생님이 은수 덕분에 더 나은 사람이 됐어. 선생님이 너를 포기하지 않으려고 노력해서 나를 업그레이드 시켰어. 그러니까 이제 은수도 선생님이랑 코칭을 하면서 너를 업그레이드하자."라고. 사실 은수가 싫다고 할 줄 알았다. 그래서 다음 설득할 말을 준비해 두었는데, 은수가, "네, 언제부터 할까요? 저 이제는 공부해야 할 것 같아요."라고 말하는 것이 아닌가. 그 반응에 놀라고, 속으로는 감격해서 펑펑 울었다. 은수는 그렇게 코칭을 마쳤다.

은수의 코칭은 인지 역량 강화에 관한 것이었다. 은수는 집중력이 유독 짧은 아이였다. 앉아서 문제를 풀자고 하면, 몇 분도 되지 않아 연필을 돌리거나 창밖을 바라보거나 몸을 움직이며 딴짓을 하곤 했다. 누군가는 이를 '의지가 약하다.'하고, 또 어떤 이는 '게으르다.'라고 말할 수도 있지만, 내게는 은수 안에 이미 있는 가능성과 잠재력이 보였다.

아이의 뇌는 '아직 훈련되지 않았을 뿐'이라는 것을 코치로서 배웠기 때문이다. 그래서 은수와 함께 가장 먼저 한 일은 은수의 실제 집중 시간 체크하기였다. 타이머를 두고 얼마나 오롯이 집중할 수 있는지를 측정해 보니, 처음에는 고작 10분 남짓이었다. 하지만 그것은 출발점일 뿐이라고 생각했다. 나는 은수에게 "10분만 공부하고, 3분을 쉬어보자."고 제안했다. 은수는 "그 정도라면 할 수 있을 것 같다."고 하며 고개를 끄덕였다. 그렇게 은수와 나는 짧게 집중하고, 짧게 쉬는 사이클을 반복했다. 놀랍게도, 며칠이 지나자 10분은 15분이 되었고, 15분은 30분이 되었다. 은수도 "선생님, 저 방금 30분이나 했어요!" 하며 스스로 놀라워했다.

훈련과 동행이 만든 집중력의 성장

은수는 암기를 특히 힘들어하는 학생이었다. 영어단어를 외울 때 "저는 진짜 외우는 게 너무 싫어요. 외워도 금방 다 까먹어요."라는 말이 은수의 입버릇이었다. 하지만 인지 역량에서는 아이의 암기력 부족은 단지 방법을 알지 못하는 것일 뿐이라고 정의한다. 그래서 "orbit은 행성의 궤도라는 뜻이야. 오빗! 오빠가 빙글빙글 도는 것처럼 생각해 봐. 지구를 좋아해서!"라고 하니, 은수는 웃으며 "아, 진짜 그렇게만 생각날 것 같아요!"라고 하며 조금 짜증을 냈다. 하지만, 그때부터 은수는 자신만의 그림과 이야기를 붙여 단어를 외워가기 시작했다. '외워야 한다'는 부담에서 벗어나자, 기억은 훨씬 오래 남았다.

독서의 필요성을 여실히 느껴 책을 읽혔는데, 책에 집중하는 시간이 매우 짧았다. 책을 읽는다고 하더라도 집중하여 읽지 않기 때문에, 시간만 보낼 뿐 책의 내용은 기억에 남지 않는 습관을 갖고 있었다. 그래서 처음에는 한 페이지에 내용이 적은 책을 선택했다. 그런 뒤 네 페이지를 읽게 하고, 내용에 대한 질문을 했다. 등장하는 사람은 누구누구인지, 그들에게 어떤 일이 있었는지 장소는 어디인지 등에 관해 같이 책을 읽으며 질문했다. 은수는 "책에서 뭘 읽어야 할지 모르겠어요."라는 말을 하곤 했기 때문이다.

질문을 했더니, 저런 내용들을 확인하며 동화를 읽어야 한다는 것을 알게 됐다며, 책 읽기에 흥미를 보이기 시작했다. 인물과 사건 배경 등을 확인하며 책을 읽으니 마침내 내용이 읽힌다는 것이다. 그렇게 함께 세 권의 책을 떼고 나니, 은수는 자기가 읽고 싶은 책을 찾아서 스스로 읽어보겠다고 했다. 나와 읽을 때보다 속도는 더뎠지만, 스스로 노력해서 한 권의 책을 다 읽고 났을 때 은수가 느낀 행복은 이룰 말할 수 없는 것이었다. 독서를 하며 이해력을 쌓아가자 은수의 암기력과 집중력이 더 향상되는 것처럼 보였다.

무엇보다 인상 깊었던 것은, 은수가 점점 반복 학습의 가치를 스스로 느끼기 시작했다는 점이다. 예전에는 한번 보고 "어차피 또 까먹을 텐데요."라며 실망하고 노력하고 싶어 하지 않던 은수가 "다시 보니까 생각이 났어요."라고 말하게 되었다. 이것은 단순한 태도의 변화가 아니라, 아이의 인지적 역량과 사회정서 역량이 동시에 강화된 것이었다. 스스로가 어떻게 공부할 때 효율이 올라가는지를 깨닫고, 어떤 방식이 나에게 잘 맞는지를 경험적으로 체험하게 된 값진 과정이었다. 집중력과 기억력은 이와 같이 훈련될 수 있다. 이때 중요한 것은 누군가가 포기하지 않고, 아이를 믿으며 마지막까지 동행해야만 한다는 것이다.

5

특별한 속도로 배우는 아이들: 느린 학습자(Slow Learner)

한 7~8년 전부터였던 것 같다. 은수처럼 다른 아이들에 비해 학습 속도와 양이 현저하게 낮은 아이들이 등장하기 시작한 것이 말이다. 다른 아이들이 무언가를 마쳐갈 때 시작 중이고, 조금만 설명이 어려워져도 바로 포기하려고 한다. 나는 이 아이들을 '부족한 아이'로 보지 않기 위해 얼마나 애썼는지 모른다. 요즘 교육계에서는 이 아이들을 '느린 학습자(Slow Learner)라 부른다. 개인적으로는 그 용어에 약간의 아쉬움이 있기도 하다. 느리다고 하면 '뒤처진다'는 느낌이 들기 쉽기 때문이다. 이 아이들은 '다른 속도로 배우는 학습자' 또는 '깊이 이해하는 시간이 필요한'으로 표현하는 것이 보다 적절할지도 모르겠다.

느린 학습자는 인지 발달 속도나 학업 수행 능력이 또래에 비해 상대적으로 더딘 학습자를 말한다. 이 아이들은 특히, 추상적인 개념 이해에 많은 시간이 필요하고, 정보를 처리하거나 기억하는 데에 추가적인 시간이 필요하다. 한번 배운 내용을 완전히 자기 것으로 만들기까지 좀 더 많은 반복과 시간이 필요하다. 그렇게 시간과 공을 들이는 것이 쉽지 않다 보니 자신감이 금방 부족해져서 쉽게 좌절하거나 포기하는 경향이 있다. 하지만, 속도는 느리지만 충분한 시간과 맞춤형 지원을 받으면 학습할 수 있는 잠재력을 가진 아이들인 것은 분명하다. 따라서 이들의 특성을 고려한 지도와 코칭이 필요하다.

느림을 이겨낸 노력의 힘

8년 전 중3으로 만난 민철이는 느린 학습자였다. 문법에 대해서 설명을 하고, 정말 곧바로 이것이 무엇이었는지를 질문하면 아무것도 모르겠다고 했다. 처음에는 믿기지가 않아서, 거짓말을 하고 있다고 생각했다. 하지만 민철이는 정말 내가 설명한 것을 듣고는 있었지만, 아무것도 이해하지 못한 상태였다. 좀 더 쉽게 좀 더 쉽게 무려 여덟 번을 설명하고 나서야 민철이는 비로소 이해가 되었다고 했고, 문법에 관련된 문제를 풀 수 있는 상태가 되었다.

문제는 다음날 다시 공부를 시작할 때면, 그 전날에 배운 내용들에 대해서 진짜로 대부분 기억을 하지 못했다. 그래서 늘 수업 시간에 7할은 전날에 배운 것들을 복습하고, 약 3할 정도의 시간에 새로운 진도를 나가는 방식으로 수업해야 했다. 단어를 암기하는 데에도 엄청난 시간이 필요했다. 중3이었지만, 'school'의 스펠링을 명확히 기억하지 못하던 민철이가 한 단어를 암기하는 시간은 평균 40분이었다. 수학은 좀 못했지만, 언어에서만큼은 탁월한 능력치가 있었고, 암기를 특히 잘했던 나로서는 정말 믿기지가 않는 상황이었다.

하지만 정말 실력이 향상되길 간절히 바랐던 민철이는 믿을 수 없을 만큼 대단한 노력을 해 주었다. 한번은 민철이가 여름날인데도 옷으로 몸을 꽁꽁 싸매고 수업을 하러 왔다. 이유를 물으니 몸살이 나서 너무나 춥고 어지럽다고 했다. 그러면 쉬지 그랬냐 물으니, 자신은 배우는 속도가 느리고, 암기도 느리기 때문에 한번 수업을 빠지면 한 달 치가 밀려나는 것 같아서, 그러면 그동안 배운 것이 너무 아까워서 그럼에도 불구하고 수업을 하러 왔다고 했다. 본인이 느리다는 것을 알고 있고, 그래서 남들보다 이렇게까지 애쓰지 않으면 안 된다는 것도 알고 있었다. 그래서 몸이 부서질 것 같아도 그 수업에 왔다는 것이 대견하면서도 한편으로는 정말 짠했다. 그래서 그렇게 수업에 온 민철이의 수고가 헛되지 않도록 열과 성을 다해 가르친 기억이 난다.

중3 여름방학 전 시험에서 영어가 34점이라고 했던 민철이는 그 노력과 성실함으로, 개학 치러진 3학년 2학기 중간고사에서 93점이라는 영어 점수를 받았다. 얼마나 기쁘고 얼마나 대견했는지, 민철이와 나의 감격은 이루 말할 수 없었다. 그리고도 민철이의 노력은 정말 귀했는데, 고등학생이 된 민철이는 학교 영어 수업을 따라가기가 힘들다고 했다. 그러면서 내게 정말 조심스럽게, "선생님, 제가 혹시 새벽에 선생님한테 수업을 받으러 가도 될까요? 학교에서 영어 수업이 있는 날에요. 미리 선생님한테 수업을 듣고 학교에 가서 공부하면 수업을 듣기가 좀 더 수월할 것 같아요."라는 것이었다. 이렇게 노력하겠다는데, 이런 학생의 부탁을 누구라서 마다할 수 있을까? 나는 흔쾌히 그러자고 했다. 그날부터 민철이는 영어 수업이 있는 날이면 아침 6시에 우리 집으로 왔다. 나와 그날 영어 수업 진도를 미리 공부하고, 또 그렇게 학교에 보내기가 안쓰러워서, 간단한 아침을 먹여 학교에 보내곤 했다.

그렇게 한 학기를 공부했던 것 같다. 그리고 어느 날 아침, 잘 갔다 오라고 인사하며 학교에 보냈는데, 민철이가 다시 벨을 눌렀다. 나는 얘가 얼른 학교에 가야 하는데, 무언가를 놓고 갔나 보다 싶어 얼른 뛰어나갔다. 아이가 지각하면 어쩌나 하는 마음에 황급히 문을 연 내 앞에는 작은 과일 바구니를 들고 선 민철이가 있었다. 민철이는 그 과일 바구니를 내밀며, 아파트 상가에서 샀노라며, 한 학기 동안 자신을 이렇게 가르쳐 주셔서 감사하다며 깊이 고개 숙여 인사를 하고는 학교로 향했다. 그 모습이 어찌나 기특하고 뭉클하든지, 지금도 마음속에 따뜻하게 남아 있다.

민철이는 자기의 속도를 알고 있었다. 그런데, 자신이 남들보다 느리게 배우고, 천천히 외운다는 사실을 피하지 않고 마주했다. 그리고 그 느낌을 이겨내기 위해 더 많이 애쓰고 더 많이 노력했다. 학습 속도가 다른 아이에게 필요한 것은 빠른 속도가 아니라, 포기하지 않도록 격려하며, 할 수 있다고 믿어주는 '동행자'다. 이들에게 더 필요한 것은 더 많이 가르치는 것이 아니다. 그보다는 아이의 인지 방식과 정서 상태를 이해하고, 그에 맞춘 '맞춤형 학습 전략'을 제시해 주는 것이다. '너는 할 수 있어.'라는 믿음을 전달하는 '동행자'가 혹 실패를 반복하더라도 자기 자신을 '안되는 아이'로 낙인찍지 않도록 심혈을 기울여야 한다.

  이 시대에 코칭이 필요한 이유가 여기에 있다. 교육에 있어서 모든 아이는 같지 않다. 느린 아이도 있고, 길을 돌아가는 아이도 있고, 잠시 멈춰 숨을 고르는 아이도 있다. 그 모든 아이들이 자신만의 속도로 걸어갈 수 있도록 조율해 주고, 그렇게 해도 된다고 인정해 주며 끝까지 함께 해주는 동행자가 반드시 필요하다. 단순히 지식을 전달받는 존재이기 이전에, 자기 효능감과 학습에 대한 자존감, 그리고 삶을 향한 태도를 함께 세워주는 사람들이 필요하다. 민철이에게 내가 그랬듯, 또 다른 민철이들에게도 누군가가 그렇게 곁에 있어 주어야 한다. 혼자로는 할 수 없지만, 함께라면 충분히 해낼 수 있는 아이들. 그들이 포기하지 않도록 동행하는 그들이 바로 '학습 코치'이다.

아이들의 배움을 결정짓는
보이지 않는 태도 - 마인드 셋

  '마인드 셋(Mindset)'은 세상과 자기 자신을 바라보는 기본 태도다. 미국 스탠퍼드 대학교의 심리학자 캐럴 드웩(Carol Dweck)은 오랜 연구 끝에, 학습과 성취를 좌우하는 가장 큰 요인이 지능 그 자체가 아니라 지능에 대한 믿음임을 밝혀냈다. 아이가 "나는 할 수 있다."라고 믿는지, 아니면 "나는 원래 안 되는 아이"라고 믿는지의 차이가 실제 성취 수준을 결정한다는 것이다.

실패를 성장의 과정으로 보는 눈

교실에서 흔히 듣는 말들이 있다.

"저는 원래 영어를 못해요."
"영어는 제 머리에는 안 들어와요."
"아무리 노력해도 소용없어요."

이런 말은 고정 마인드 셋(Fixed Mindset)을 보여준다. 고정 마인드 셋을 가진 아이들은 지능과 능력이 타고난 것이며, 노력으로는 크게 바뀌지 않는다고 믿는다. 그래서 실패를 곧 무능력의 증거로 받아들이고, 도전보다는 회피를 선택한다. 새로운 시도보다 안전한 영역 안에 머무르려 하고, 결국 배움의 기회를 스스로 차단한다.

반대로 성장 마인드 셋(Growth Mindset)을 가진 아이들은 지능과 능력이 노력과 전략, 피드백을 통해 얼마든지 발달할 수 있다고 믿는다. 이들은 실패 앞에서도 다른 관점을 갖는다.

"이번에는 틀렸지만, 다시 하면 나아질 수 있어."
"시간이 오래 걸려도 결국 풀 수 있었어."
"아직 부족하지만 조금씩 성장하고 있어."

성장 마인드 셋의 핵심은 '아직(Not Yet)'의 관점이다. 완성이 아니라 과정, 한계가 아니라 가능성을 본다. 그래서 더 많은 도전을 시도하고, 새로운 전략을 찾으며, 결국에는 더 큰 성취를 경험한다.

성장은 속도가 아니라 태도의 문제

8년 전 내가 만난 민철이는 느린 학습자였다. 문법을 설명해 주면 금방 잊어버렸고, 단어 하나를 암기하는 데도 평균 40분이 걸렸다. 'school'조차 또렷하게 쓰지 못하던 민철이에게, 나의 수업은 늘 복습 7할, 진도 3할이었다.

하지만 민철이는 자신의 느린 속도를 회피하지 않았다. 민철이는 자기 속도를 알았지만, 그것을 '포기해야 할 이유'로 삼지 않았다. 오히려 더 많은 땀과 성실함으로 이겨냈다. 결국 30점대였던 영어 점수가 90점대로 도약했다. 이것이야말로 성장 마인드 셋이 보여주는 힘이다

성장 마인드 셋은 아이 스스로만으로 형성되지 않는다. 교사와 부모의 말과 태도가 결정적인 영향을 준다.

- "넌 똑똑하구나." 대신 "네가 포기하지 않고 끝까지 해냈구나."
- "역시 너는 잘하는 애야." 대신 "네가 노력한 과정이 성장을 만들었구나."
- "틀렸네." 대신 "이건 배우는 과정이야."

이 같은 작은 언어의 차이가 아이에게는 '나는 노력하면 달라질 수 있다.'라는 믿음을 심어준다. 결국 아이들은 자신이 받은 메시지를 자기 목소리로 되뇌며 배움을 이어간다.

포기하지 않는 코칭

성장 마인드 셋은 단순한 긍정적 사고가 아니다. 그것은 실패를 견디게 하고, 다시 일어설 힘을 주는 학습의 태도다. 아이가 자신의 한계를 믿을 때, 교사와 부모가 "아직은 못하지만, 곧 할 수 있어."라는 믿음으로 함께 걸어주어야 한다.

학습 코치는 지식을 전달하는 사람이 아니라, 아이 곁을 지키는 동행자다. 느린 아이, 돌아가는 아이, 멈춰 선 아이 모두 각자의 속도로 갈 수 있도록 인정해 주고, 그 길을 함께 걸어주는 존재다. 혼자였다면 중도에 포기했을 아이들이, 동행자가 있어 끝까지 완주할 수 있다.

우리가 가르치는 아이들은 완성된 존재가 아니다. 모두 아직 성장 중인 아이들이다. 따라서 교육의 본질은 아이들에게 "너는 원래 안 돼."라는 고정된 낙인을 찍는 것이 아니라, "아직 부족하지만 곧 성장할 수 있어."라는 믿음을 심어주는 일이다.

성장 마인드 셋은 아이들의 성적을 넘어, 자기 효능감과 학습에 대한 자존감, 그리고 삶을 대하는 태도까지 바꾼다. 그렇기에 오늘날의 교육과 코칭은 반드시 이 마인드 셋 위에서 시작되어야 한다.

⑥ 학습 열정에 기름 끼얹기

동기 역량 키우기

역량[6](Competency)이라는 개념은 IQ 테스트와 같은 전통 지능검사나 성취도 검사 등에서의 높은 점수가 실제 삶에서의 적응 결과를 잘 예언하지 못한다는 비판에서 시작된 개념이다. 역량은 확인, 평가, 측정, 훈련이 가능한 스킬과 지식, 확인, 평가, 측정, 훈련이 어려운 태도로 나뉠 수 있다.

그중 동기 역량은 학습에서 자신의 의지가 얼마나 반영되었는가를 판단하는 역량으로 자율적인 수준에 따라, 동기가 아예 없는 의지 결핍상태인 무동기 상태에서 내재적 동기 유형인 자기 결정성에 이르기까지의 스펙트럼을 갖는다. 중요한 것은 무동기를 제외한 어떤 동기든 '학습행동'을 만들어 내는 촉매가 된다는 점이다. 민철홍 교수는 '동기 역량'을 네 가지 요소로

---
6   Barett&Depiner, 1991

설명하였는데, 자신만의 학습 목표를 설정하고 그것에 의미를 부여할 수 있는 능력인 '목표 의식', 어려움 속에서도 계획을 실행하고 지속할 수 있는 내면의 힘인 '전념 의지', 시험 불안, 무기력감 등 정서를 조절하는 힘인 '감정 조절'과 스스로를 인정하고 다시 동기를 불러일으킬 수 있는 능력인 '자기강화'가 그것이다. 그러면서 '동기를 만드는 일은 곧 학습의 설계를 다시 쓰는 일'이라고 할 만큼 동기 자체를 매우 중요한 역량으로 보고 있다.

단기 목표에 대한 보상을 주는 것도 좋지만, 그 안에 장기적 의미를 담을 때 더 깊은 학습이 가능하다고 했다. 예를 들어, "수학 90점 넘으면 게임 2시간"이라는 외적인 보상도 좋지만, "내가 나중에 게임 개발자가 되려면 수학이 기본이야."라는 연결을 만들어 주는 것이 코칭을 통한 진짜 동기 설계이다. 그리고 동기부여를 통해 아이가 변했다는 건, 점수보다 더 본질적인 변화, 즉 동기 역량이 강화되었음을 의미한다. 스스로에게 질문을 하기 시작하고, 책임을 지기 시작하며, 자신의 한계를 넘어보려는 마음이 생긴다. 이것이야말로 인생 전반에 필요한 진정한 힘이라고 할 수 있다.

1. 인생 플랜 작성하기 - 거꾸로 그려보는 나의 미래

아이에게 "공부를 왜 하니?"라고 물어보면, 10명 중 8명은, "몰라요." 나 "그냥"이라고 대답한다. 이것이 동기가 없는 이유이다. 목적이 없으면 동기가 생기지 않는 법이다. 그래서 나는 처음 학생을 만나게 될 때나, 학기 초, 또는 방학 시작 전에 다음과 같은 활동을 한다. "인생에서 하고 싶은 일 열 가지 써보기" 그리고 아이들이 그것을 작성한 다음에는(꼭 열 가지가 채워지지 않더라도) "그중 하나를 진짜 이루고 싶다면, 지금 어떤 공부 또는 활동이 연결되어야 할까?"라는 질문을 한다. 예를 들어, 여행 유튜버가 되고 싶다고 한다면 스토리텔링을 할 수 있는 능력이 필요하다. 게임을 만들고 싶다면 수학과 코딩 지식이 필수이며, 심리상담가가 되고 싶다고 하면 언어영역에서 우수한 능력을 갖추어 감정을 표현하는 능력이 필요하다. 이렇게 삶을 목표로, 목표를 다시 공부의 순서로 연결 지어주면, 아이는 자기 결정성을 강화해 나갈 수 있다. 공부라는 것이 남이 시켜서 하는 것이 아니라, '내가 선택한 과정'이 되기 때문이다.

2. 성장 노트 작성하기 – 배우고 다시 도약하기

시험이 끝나면 아이들을 보통 점수 그 자체에만 매달린다. 그러면서 제일 많이 하는 말은 "망했어요."이다. 그럴 때면 아이들에게 "점수는 사진이고 실력은 동영상이다. 지금 멈춘 그 장면만 보지 말고, 앞뒤 장면을 복습해 보자."고 한다. 이때 사용하는 도구는 '성장 노트'이다. 이 노트에는 점수는 쓰지 않는 대신 다음의 항목들을 적게 한다. 그것은 '이번 시험에서 잘한 두 가지', '아쉬웠던 점 두 가지', '다음번에 다르게 해보고 싶은 점 한 가지', '나 자신을 향한 응원 메시지'가 그것이다. 이 간단한 기록을 진지하게 해보도록 할 때, 아이들은 자신이 절대적으로 모자란 존재가 아니라 아직은 부족한 존재라는 것을 알게 된다. 그래서, 다시 나아갈 수 있는 방법을 모색하고 발전시킬 수 있도록 돕고자 함이다. 이 과정을 통해 아이의 자기 효능감과 성장 마인드 셋에 도움을 줄 수 있다.

3. 동기 알람 설정하기 – 나를 움직이는 습관

감정이 동기이다. 배가 고프면 밥을 찾고, 외로우면 사람을 찾는다. 그런데 우리 아이들은 자기가 무슨 감정을 느끼는지도 모르는 채 살아간다. 그래서 나는 자주 수업 시간에 묻는다. "지금 기분이 어때?" 그리고 연이어 "그 기분이나 감정이 오늘 너의 하루에 영향을 준 부분이 있을까?"라고 질문한다. 이것은 감정을 의식하고 이를 행동으로 연결하는 자기조절을 위한 코칭이다. 그다음으로는 "동기알람 설정하기"를 한다. 공부를 시작하기 전에 "나는 지금 이 공부를 왜 하려는 걸까?"라고 스스로 묻게 하고, 공부를 마친 후 "끝나고 나서 어떤 기분을 느꼈는가?"를 짧게 기록하거나 생각해 보도록 지도한다. 이 작은 과정들을 통해, 아이들은 날마다 성취동기를 일깨우고, 공부를 의미 있는 의식으로 바꿀 수 있다.

동기는 억지로 끌어올리는, 요즘 아이들 말로 억텐이 아니다. 의미, 감정, 선택 그리고 반복된 경험이 만들어 내는 내면의 불꽃이다. 그 불씨를 지켜주기 위해, 코치는 끊임없이 질문하고, 그것을 확인하게 하고, 감정들을 붙잡아줘야 한다. 이런 작은 실천으로 아이는 공부가 싫은 일이 아니라 자신의 삶을 조각해 가는 과정임을 느끼게 된다. 그리고 그때가 진짜 아이의 동기 역량이 발휘되는 순간이다.

4. 힘이 되는 말 찾기 – 의욕을 불러오는 신호

아이들은 공부하기 싫다는 말을 자주 한다. 자세히 들여다보면, 공부를 싫어하는 것이 아니라 공부를 힘들게 만드는 생각과 말에 지배당하고 있는 경우가 많다. 예를 들어, "난 원래 못해."라는 말은 스스로를 가두고, "이미 늦었어."라는 생각은 시작조차 못하게 만든다.

이럴 때 활용할 수 있는 방법이 바로 '힘이 되는 말 찾기'이다. 아이들에게 다음의 네 가지를 적어보게 한다.

1) 나에게 공부 동기를 주는 말
2) 나를 공부하게 하는 생각
3) 내 공부 의욕을 떨어뜨리는 말
4) 내 공부 의욕을 꺾는 생각

이 단순한 기록을 통해 아이는 자신이 어떤 말에 힘을 얻고, 어떤 말에 주저앉는지 스스로 깨닫게 된다. 그러면서 부정적인 말 대신 동기를 불러일으키는 긍정적인 말을 선택하려는 노력이 시작된다. 작은 말 한마디가 마음을 깨워 공부를 습관으로 이끄는 신호가 되는 것이다.

흔들림 없는
관계의 힘
- 사회정서

"마음을 모르는 공부는 오래가지 못한다.
나를 알고, 나를 다스리고, 다른 이의 마음에 닿는 힘이야말로 진짜 경쟁력이다."

❶ 왜 지금 사회정서 역량인가

"우리 아이가 왜 이렇게 쉽게 화를 낼까요?"
"공부는 잘하는데 친구가 없다고 해요."
"조금만 지적하면 짜증부터 내요."

오늘날 부모들이 가장 많이 하는 고민은 더 이상 성적 문제가 아니다. 아이들이 공부를 이어가지 못하게 만드는 가장 큰 벽은 마음의 문제다. 감정을 다스리지 못해 쉽게 포기하고, 친구와의 관계에 상처받아 집중하지 못하는 아이들을 지켜볼 때, 부모는 답답하고, 교사는 혼란스럽다.

많은 부모가 이렇게 말한다.
"저는 어릴 땐 그냥 시키는 대로 하고, 친구들과도 잘 지냈는데… 제 아이는 왜 이럴까요?"
하지만 이것을 단순히 성격 탓으로 돌릴 수는 없다. 우리가 사는 시대 자체가 달라졌다. 지식만으로 살아남던 시대가 아니다. 이제는 감정과 관계의 힘이야말로 아이들의 삶을 지탱하는 새로운 기초가 되었다.

지식만으로는 부족한 시대

한 세대 전만 해도 공부를 잘하면 미래가 보장된다는 믿음이 있었다. 열심히 공부해서 좋은 대학에 가는 것이 성공의 공식이었고, 많은 부모 세대가 그 길을 따라 살아왔다. 하지만 지금은 그 공식을 따르기만 해서는 아이들의 삶을 보장할 수 없다.

오늘날 사회는 소통 · 공감 · 협업을 더 중요하게 여긴다. 직장에서는 감성 지능과 팀워크가, 일상에서는 갈등을 풀고 관계를 맺는 힘이 필수가 되었다. 아무리 공부를 잘해도 감정을 조절하지 못한다면 사회 속에서 버티기 어렵다.

지식은 인공지능이 대신할 수 있다. 그러나 사람과 사람을 이어 주는 감정과 관계는 인간만의 고유한 영역이다. 그래서 21세기의 교육은 머리가 아닌 마음의 힘을 요구한다.

OECD는 미래 교육의 핵심 역량을 이렇게 정의했다.
주도성(Agency): 스스로 삶을 책임지는 힘
변혁적 역량(Transformative Competencies): 복잡한 문제를 해결하는 힘
지속 가능한 행복(Well-being): 개인과 사회가 조화를 이루는 힘

세계경제포럼 또한 감성 지능, 협업, 유연성, 비판적 사고를 미래 인재의 필수 역량으로 꼽는다. 이는 곧 '온전한 사람(Whole Person)'을 기르는 교육의 방향이다.

한국 교육의 현실과 아이들의 마음

그러나 한국 교육은 여전히 성적이라는 낡은 기준에 묶여 있다. 부모는 걱정하면서도 정작 아이의 감정보다 성적을 먼저 묻는다.

학교 역시 지식을 가르치는 데 치중하면서, 아이들의 마음을 돌보는 교육은 뒷전으로 밀려나 있다.

그 결과는 참혹하다. 최근 5년간 어린이 우울증은 두 배로 늘었고, 청소년 자살률은 OECD 국가 중 최상위권이다.

지식만 쌓아 올린 불안정한 탑 위에 마음의 기초가 무너진 아이들. 지금 우리 교육의 민낯이다.

학습의 숨은 동력, 사회정서 역량

학습은 머리로만 이루어지지 않는다. 마음이 불안정하면 지식은 머물지 않는다. 결국 성적을 떠받치는 진짜 기둥은 '사회정서 역량(SEL, Social Emotional Learning)'이다.

SEL은 단순한 인성 교육이 아니다.

감정을 인식하고 조절하는 힘, 다른 사람을 이해하고 공감하는 힘, 실패에도 다시 일어서는 회복 탄력성, 관계를 맺고 지켜내는 기술, 이 모든 것이 학습 이전에 필요한 내면의 토대다. 아이의 마음이 단단해야 배움도 뿌리를 내린다.

미국은 왜 SEL에 주목했는가

전 세계적으로 사회정서 학습(SEL, Social and Emotional Learning)은 이제 선택이 아닌 필수 교육으로 자리 잡고 있다. 미국을 비롯한 영국, 호주, 핀란드 등 주요 교육 선진국들은 이미 SEL을 정규 교과에 통합하거나 별도의 커리큘럼으로 운영하고 있다.

이들은 일찍이 깨달았다. 지식은 단지 도구일 뿐이며, 그 도구를 제대로 활용하는 힘은 결국 '마음'에서 비롯된다는 사실을 말이다.

미국은 이미 20년 전부터 SEL을 정규 교과에 통합했다. 시카고의 한 초등학교에서는 아이들이 글쓰기와 발표로 감정을 배우고 표현한다. 단순한 활동 같지만, 이 과정을 통해 감정을 인식하고 조절하는 힘을 기른다.

SEL이 제도화된 배경에는 청소년 정서 위기가 있었다. 우울·공격성·불안이 폭발적으로 증가하자, 일리노이주는 2005년 전국 최초로 사회정서 학습 표준을 마련했다. 지금은 미국 학교의 80% 이상이 SEL을 운영한다. 교사 연수, 교재, 실행 지침까지 갖춘 국가 차원의 지원이다.

그만큼 "미래 교육은 마음에서 시작된다."라는 믿음이 강하다.

한국의 시작, 그리고 과제

우리나라도 2025년부터 SEL을 정식 도입한다. 모든 학교가 '마음 교육'을 통해 학생들의 감정 조절, 공감, 자기관리 능력을 기르도록 한다.

제주도교육청은 '마음 단단 프로그램'을 운영해 미술·체육·사회 과목과 SEL을 연결한다. 대구교육청은 '정서 성장 지원 주간'을 통해 자살 예방, 학교폭력 예방, 가족 상담 등을 연계한다.

그러나 제도만으로는 충분하지 않다. SEL은 실천의 교육이다. 무엇보다 학생과 매일 마주하는 교사가 정서적 코치가 되어야 한다. 교사에게 전문성과 공감 능력을 키워주는 연수와 지원이 필수적이다.

아이의 마음을 먼저 돌보라

학습 태도의 변화, 자존감, 자제력, 공감 능력, 관계 맺기, 인내심 등 이 모든 것들이 사회정서 역량에서 비롯된다. 이 힘을 가진 아이는 시험 성적뿐 아니라, 삶의 어려움 앞에서도 쉽게 무너지지 않는다.

부모에게 말하고 싶다.

"성적보다 먼저 아이의 마음을 살펴주십시오. 숙제를 했는지 묻기 전에 오늘 마음은 어땠는지 물어주십시오. 그 한순간의 경청이 아이의 평생을 바꿀 수 있습니다."

교사에게도 말하고 싶다.

"지식 전달자가 아니라, 아이들의 마음을 붙들어주는 정서적 코치가 되어 주십시오."

공부는 머리로 하지만, 실력은 마음에서 나온다.
아이들의 마음을 돌보는 일, 그것이야말로 진정한 미래 교육의 시작이다.

코칭 프레임워크

사회정서 학습(SEL)이란 무엇일까?

사회정서 학습(SEL)은 학생들이 자신의 감정을 인식하고 조절하며, 타인과 건강한 관계를 맺고 책임감 있는 결정을 내리는 능력을 기르는 것을 목표로 한다. 구체적으로 살펴보면, SEL은 다섯 가지 핵심 영역으로 구성된다.

1) 자기 인식(Self-Awareness)
자신의 감정, 생각, 강점과 약점을 인식하고 건강한 자존감을 형성하는 능력

2) 자기 관리(Self-Management)
스트레스와 충동을 조절하며 목표를 설정하고 이를 달성하기 위해 노력하는 능력

3) 사회적 인식(Social Awareness)
타인의 관점을 이해하고 공감하며 다양한 배경을 존중하는 능력

4) 관계 기술(Relationship Skills)
효과적으로 의사소통하고 협력하며 건강한 인간관계를 유지하는 능력

5) 책임 있는 의사결정(Responsible Decision-Making)
윤리적이고 건설적인 선택을 하며 행동의 결과를 고려할 수 있는 능력

SEL은 단순히 별도의 시간을 내어 가르치는 것이 아니라, 교과 수업, 학

교 활동, 일상적인 상호작용 속에 자연스럽게 녹아들어야 한다. 학생들이 매일 겪는 작은 갈등, 실패, 성공의 순간들을 통해 사회 정서적 기술을 배우고 성장할 수 있도록 돕는 것, 그것이 진정한 SEL의 방향이다.

2

나를 아는 만큼 성장한다:
자기 인식

"울면 지는 거야."
"화를 참는 게 어른스러운 거야."
"기분이 안 좋아도 티 내지 마."

이런 말들은 어릴 때부터 귀에 익도록 들어온 말들이다. 우리는 어렸을 때부터 감정을 억누르는 법을 배웠다. "잠자코 있어!"라는 말을 듣고 자랐으며, 이 말은 아무 생각 없이 또다시 아이들에게 대물림되고 있다.

한국 사회의 오랜 유교적 전통은 개인의 감정보다 공동체의 화합과 조화를 강조해 왔다. 이는 감정을 직접적으로 표현하는 것을 예의에 어긋나는 것으로 간주하며, 감정을 숨기고 억제하는 태도를 장려했다. 어쩌면 감정을 잘 표현하지 않는 것이 '어른스러움'의 대명사로 여겨졌을지도 모른다. 그러나 감정을 억제하는 습관은 감정을 제대로 인식하지 못하게 만들 수 있다. 이로 인해 감정을 억누르는 과정에서 감정 자체를 무시하거나 간과하는 경우가 많다. 이는 감정 인식 능력을 저하시켜 자기 인식도 낮아지게 만든다.

이처럼 대한민국 사람들은 자기감정을 인식하지 못한 채 살아왔고, 이를 당연하게 여겨왔다. 이러한 태도는 아이들에게도 고스란히 전해졌다. 부모에게 물려받은 것은 잘 참는 법과 잠자코 있는 법이었기 때문이다.

하지만 억눌린 감정은 사라지지 않는다. 제대로 표현되지 못한 감정은 분노, 불안, 무기력의 형태로 변형되어 아이들의 학습을 방해한다.

우리 아이들이 좀 더 멋진 어른으로 성장하기 위해서는 참는 교육이 시작점이 되어서는 안 된다. 올바른 시작은 '자기 자신을 아는 것'에서 출발해야 한다.

"나는 어떤 사람인가?", "나는 어떤 강점을 가지고 있는가?", "나는 어떤 약점을 가지고 있는가?", "나의 오늘 기분은 어떤가?", "나는 어떤 상황에서 화를 참지 못하는가?" 나를 제대로 알기 시작할 때 비로소 변화와 성장이 가능해진다.

칼 로저스는 "신기한 역설은 내가 있는 그대로의 나를 수용할 때, 내가 변화한다는 것이다."라고 말했다.

자기 인식은 아이의 성장을 여는 열쇠다.

학습 코칭을 하다 보면, 성적이 오르지 않는 아이들의 공통점을 발견하게 된다. 그들은 대체로 자신의 강점이나 약점을 명확히 알지 못하고, 공부가 안되는 이유를 '머리가 나빠서', '의지가 약해서'쯤으로 단정 짓는다. 한번 이런 감정을 느끼게 된 아이들은 '난 안되는 아이인가 봐!' 하며 포기하고, 시도조차 하지 않는 경우가 많다. 이런 사고방식은 자기 효능감을 떨어뜨리고, 학습을 더 어렵게 만든다.

하지만 자기 인식이 높은 아이는 다르다. 자신이 어떤 환경에서 집중이 잘 되는지, 어떤 감정이 공부를 방해하는지, 어느 시점에서 짜증이 나고, 기분이 저하되는지를 알기 때문에 스스로 감정을 조절하기도 하고, 공부가 잘 되는 시간과 장소를 스스로 찾는다. 공부가 어려울 때는 누군가에게 도움을 요청하거나 조언을 받으려고 노력한다. 실수나 실패를 하더라도 자신을 지나치게 비난하거나 낙심하기보다 그 안에서 실패의 원인을 찾고 계속 수정해 나가려고 노력한다.

"나는 어떤 상황에서 집중이 흐트러지지?"
"나는 시험 전에 어떤 감정 상태가 되는가?"
"나는 40분 이상 집중할 수 없는 사람이지? 40분 공부하고 10분 잠시 산책을 하며 머리를 식히고 돌아와야지!"
이런 질문을 던져 볼 줄 아는 아이는 스스로의 성장의 방향을 잡을 줄 아는 아이로 성장할 것이다.

성장의 출발점, 나를 위한 나침반

"저는 머리가 나쁜가 봐요."

"전 원래 집중을 못 해요."

"공부는 그냥 저랑 안 맞는 것 같아요."

학습 코칭을 하다 보면 이런 말을 자주 듣는다. 성적이 오르지 않는 이유를 자신에 대한 부정적인 단정으로 끝내는 아이들이 많다. 이런 말이 반복되다 보면 '나는 안 되는 아이'라는 믿음이 아이의 시도를 막고, 스스로를 한계에 가둬버린다.

이 아이들에게 정말 부족한 것은 지식이 아니다. 바로 '자기 인식', 즉 자신을 제대로 이해하고 바라보는 힘이다. 자기 인식이 높은 아이는 자신이 어떤 상황에서 잘 집중하고, 어떤 감정이 공부를 방해하는지 스스로 안다. 기분이 가라앉을 때는 잠시 산책을 하고 돌아오거나, 공부 시간이 길어지면 스스로 조절하는 힘을 가지고 있다.

자기 인식을 키우는 첫걸음은 자신의 감정을 제대로 아는 것에서 시작한다. 감정은 마치 우리 마음의 나침반과도 같다. 하지만 많은 아이들이 자신의 감정을 '그냥 짜증', '그냥 화'로 뭉뚱그려 표현하곤 한다.

사실 우리가 표현할 수 있는 감정의 언어는 '기쁘다', '슬프다', '화가 난다'를 넘어 수백 가지가 넘는다. '뿌듯하다', '서운하다', '설레다', '답답하다', '안도하다'처럼 훨씬 더 섬세하고 미묘한 감정들이 있다. 아이가 자신의 감정을 정확히 표현하도록 돕는 것, 이것이 바로 부모나 코치가 해줄 수 있는 사회정서 학습(SEL)의 시작이다.

'화' 뒤에 숨겨진 진짜 감정

우리는 흔히 '화'를 나쁜 감정이라고만 생각한다. 화를 내는 자신을 자책하기도 한다. 하지만 감정 중심 치료(EFT)에서는 화가 사실은 우리 마음을 지키기 위해 나타나는 '가짜 얼굴'일 때가 많다고 말한다.

아이가 '짜증'을 내거나 '버럭' 화를 낼 때, 그 뒤에는 어쩌면 다른 진짜 감정이 숨어 있을 수 있다. 예를 들어, 외로움이나 불안함, 혹은 존중받지 못해 생긴 서운함 같은 마음이다. 아이는 이런 마음을 어떻게 표현해야 할지 몰라 그저 '화'라는 감정으로 내보내는 것이다.

이럴 때 아이가 자신의 마음을 정확히 들여다보도록 도와주는 것은 정말 중요하다. 아이가 스스로에게 "내가 지금 불안한 걸까, 아니면 긴장되는 걸까?"라고 물어볼 수 있게 되면, 그 감정의 뿌리를 이해하고 다룰 수 있게 된다.

이렇게 자신의 마음을 읽을 줄 아는 아이는 학습뿐 아니라 삶의 모든 순간에서 길을 잃지 않고 앞으로 나아갈 힘을 얻는다. 자신의 마음을 아는 아이가 결국 가장 멀리, 그리고 굳건하게 걸어가는 것이다.

자기 인식(Self-Awareness)은 자신의 감정, 생각, 욕구, 강점과 약점을 명확히 인식하고 이해하는 능력이다. 이는 자신의 감정 상태를 정확히 파악하고, 그 감정이 행동에 어떤 영향을 미치는지 이해하는 것을 포함한다. 또한, 자기 인식은 자신의 가치관과 목표를 이해하며, 자신이 처한 상황에서 적절히 대응할 수 있는 능력이기도 하다. 자기 인식은 감정 조절, 자기 발전, 그리고 타인과의 건강한 관계 형성의 기초가 되는 중요한 요소로, 개인이 더 나은 결정을 내리고 책임 있는 행동을 할 수 있도록 돕는다.

때로는 내가 나를 마주하기가 힘들 때가 있다. 내가 발표한 프레젠테이션 영상, 내가 부른 노래, 나의 사진을 다시 들여다볼 때 너무 부끄러워 숨고 싶을 때가 있다. 그러나 어떤 사람은 자기 자신을 당당히 들여다보며 스스로에게 피드백을 한다. 때로는 자신의 실수를 고쳐 나가고, 때로는 자신을 칭찬하며 더 나은 자신으로 가꾸어 나간다. 자기 자신의 민낯과 마주할 용기가 있는 사람은 수많은 고난과 역경을 딛고 다시 일어서곤 한다.

어린 시절 지독한 가난의 굴레에서 벗어나지 못했던 '오프라 윈프리'를 기억할 것이다. 그녀는 10대 미혼모의 자녀로 태어나 가난한 외할머니 밑에서 자랐다. '오프라 윈프리'는 언제나 시련에 당당히 맞설 수 있는 용기를 가진 사람이었다. 그녀가 시청자들에게 사랑받을 수 있었던 이유 중 하나는 그녀의 독특한 화법과 참신한 구성력이었다. 그녀는 자신의 이름을 건 토크쇼 '오프라 윈프리 쇼'를 시작하며 전성기를 맞이했다. 이 토크쇼로 그녀는 30회의 에미상을 수상하는 영광을 누렸다.[7]

가난한 통나무집 소년 링컨은 지독한 가난 속에서도 단 한 번도 자신을 원망하거나 세상을 탓하지 않았다. 오히려 가난을 행복으로 여기며 감사하는 마음으로 살아갔다. 이러한 역경 속에서도 링컨은 늘 올바른 가치관을

---

7 『10대를 위한 꿈의 멘토 26인』 중에서

세우고 그것을 추구하기 위해 인생의 시련마저 기회로 삼았다. 링컨에게는 감사와 긍정의 태도가 있었다.[8]

우리의 자녀들이 마음이 단단한 아이로 자라려면 먼저 자기 인식을 할 수 있어야 한다. 내가 하고 싶은 것, 나의 꿈, 나의 강점과 약점, 나의 생각과 감정을 잘 인식하는 것에서 출발해야 한다. '오프라 윈프리'는 10대 미혼모의 자녀로서 가난이 자신의 약점이었다면, 시련에 맞설 수 있는 용기를 강점으로 삼았다. 링컨 또한 지독한 가난이 약점이었지만, 가난을 감사로 여기는 태도와 올바른 가치관을 가진 내면의 힘이 그의 강점으로 작용했을 것이다. 자신을 제대로 인식해야 비로소 자신이 원하는 것들을 이룰 수 있다.

---

8 「우리에게 필요한 리더 다시 링컨」 중에서

코칭 프레임워크

내 감정, 내 마음 읽는 법

1. 무드 미터(Mood Meter)를 활용하여 감정 인식하기

예일대학교 감성지능 센터장 마크 브래킷 교수는 『감정의 재발견』에서 '무드 미터'를 이용해 감정을 측정하는 방법을 소개했다. 무드 미터는 감정의 활력(energy)과 쾌적감(pleasantness)을 기준으로 네 가지 색을 통해 감정을 구분한다. 활력이 높고 쾌적감이 낮은 감정은 빨강, 활력과 쾌적감이 모두 낮은 감정은 파랑, 활력과 쾌적감이 모두 높은 감정은 노랑, 활력은 낮지만 쾌적감이 높은 감정은 초록으로 표시된다.

미국의 일부 영재 초등학교에서는 매일 아침 학생들이 자신의 감정을 무드 미터를 통해 점검하는 시간을 가진다. 이는 스스로 감정을 인식하고 조절하는 능력을 길러줄 뿐만 아니라, 타인의 감정을 이해하고 대처하는 방법까지 자연스럽게 익히게 한다. 꾸준히 감정 상태를 점검하는 습관은 감정 표현 능력까지 향상시킨다.

2. 자아 성찰을 위한 감정 일기 쓰기

매일 한 줄이라도 자신의 감정을 기록하는 감정 일기 쓰기는 자신을 이해하는 가장 간단하면서도 효과적인 방법이다. 하루를 돌아보며 기쁨, 슬픔, 불안, 설렘 등 다양한 감정을 솔직하게 적어 보는 것만으로도 자신의 내면에 집중하는 힘이 생긴다.

『어른도 함께 쓰는 어린이 감정 일기』에는 이런 문장이 나온다.

"불안하고 초조했던 마음의 문제를 먼저 풀었더니, 안 풀리던 수학 문제가 풀렸다."

3. SWOT 기법을 활용해 자기 강점과 약점 파악하기

SWOT 기법은 기업뿐만 아니라 개인 성장에도 유용한 도구로 활용될 수 있다. 자신의 강점(Strengths), 약점(Weaknesses), 기회(Opportunities), 위협(Threats)을 분석함으로써 스스로를 객관적으로 이해할 수 있다.

1) 강점(Strengths): 높은 공감 능력, 감정 조절 능력, 활발한 소통 능력
2) 약점(Weaknesses): 자기주장 부족, 부정적 피드백에 민감함, 긴장감
3) 기회(Opportunities): 학교 상담 프로그램, 또래 멘토링, 사회적 기술 워크숍
4) 위협(Threats): 또래 압박, 사회적 불안, 갈등 상황

SWOT 분석을 통해 강점은 더욱 강화하고, 약점에 따른 개선 전략을 세

우며, 외부 환경에 대한 대비책을 마련할 수 있다. 이를 통해 학생들은 자기 인식을 넘어 자기 관리 능력까지 키워 더 긍정적이고 건강한 정서적 기반을 마련할 수 있다.

SWOT 기법으로 강점과 약점을 파악했다면, 강점은 잘 활용하여 자신의 역량을 최대한 발휘하고, 약점은 원인을 파악해 보완하며 더 나은 자신으로 성장하기 위해 노력해야 한다. 감정 인식은 이러한 과정의 시작점이다. 감정을 인식하면 감정 조절이 가능해진다.

4. 감정 단어 익히기

아이와 함께 감정 카드를 만들거나, 일상에서 다양한 감정 단어를 사용해 사용하는 것이 좋다. "네가 오늘 발표를 잘해서 뿌듯하겠다.", "친구가 너의 마음을 몰라줘서 서운했구나."처럼 구체적인 상황과 감정을 연결해 이야기해 주면 좋다.

5. '왜' 대신 '무슨 감정'인지 묻기

아이가 방문을 '쾅' 닫고 들어갈 때 "왜 그래?"라고 묻기보다 "지금 어떤 감정을 느끼고 있니?" 또는 "무슨 일이 있었는지 이야기해 줄 수 있을까?" 묻는 것이 좋다. 아이가 자신의 감정을 스스로 탐색하고 표현할 수 있는 기회를 주는 것이다.

6. 실패를 성장의 기회로 만들기

아이가 시험에서 실수를 했을 때는 "어디에서 잘못됐을까?"와 같은 질문을 함께 던지는 것이 좋다. "어떤 개념이 헷갈렸니?", "문제를 급하게 풀었니?"와 같이 실수를 돌아보며 배움의 기회를 찾도록 도와주는 것이 좋다. 문제를 탓하기보다 객관적으로 바라보는 연습은 자기 인식을 크게 성장시킨다.

"이제 당신은 자기 인식을 갖춘 사람은 '될 대로 되라지.'라고 말하는 사람이 아님을 알게 되었다. 그들은 문제 앞에서 겁먹기보다는 문제를 해결한다."

-『결정하는 습관』中

③
흔들리지 않는 아이의 비밀: 자기 관리

"인생을 안전하게 항해하려면 어제와 내일을 차단하고 오늘의 공간을 만들어야 한다. 한 번에 모래알 하나, 한 번에 하나의 일, 오늘을 붙잡고 최대한 활용하자!" — 『10대를 위한 데일 카네기 자기관리론』 中 —

"패배자는 머뭇거리고 망설이느라 에너지를 허비하지만, 승자는 우왕좌왕하지 않고 자신 있게 뛰어든다." — 카를 크라우스(독일의 시인) —

목표는 누구나 세울 수 있다. 하지만 그 목표를 향해 끝까지 나아가는 힘은 아무에게나 주어지는 것이 아니다. 이 힘의 본질은 바로 '자기 관리'이다.

자기 관리(Self-Management)란 무엇인가?

자기 관리는 감정, 시간, 목표를 스스로 조절하고 다스리는 능력이다. 목표를 향해 긴 항해를 시작하는 우리 아이들에게 예기치 못한 풍랑과 파도는 반드시 찾아온다. 이런 기상 변화는 아이들을 당황하게 하고 길을 잃게 만들 수 있다. 이때 외부 상황에 흔들리지 않고 자기 안의 나침반을 믿으며 다시 방향을 잡을 수 있어야 한다.

예를 들어, A 학생은 중간고사 평균 90점을 목표로 삼았다. 그러나 친구들이 PC방을 가자고 하는 유혹에 넘어가 공부 시간을 확보하지 못했다. B 학생은 학업 스트레스로 인해 책상에 앉기만 하면 심장이 두근거리고 두통이 찾아왔다. C 학생은 이별의 아픔으로 학교생활에 집중할 수 없었다. 세 학생 모두 성적이 하락했고 목표를 달성하는 데 실패했다.

이 모든 경우가 보여주듯, 계획만으로는 부족하다. 진짜 중요한 것은 예상치 못한 감정과 상황 속에서도 스스로를 다시 세울 수 있는 힘, 즉 자기 관리력이다.

'실행력'은 자기 관리의 또 다른 이름

성공적인 학습을 위해 꼭 필요한 능력 중 하나는 실행력이다. 아무리 의지가 강해도 행동으로 이어지지 않으면 변화는 일어나지 않는다. 자기 관리 역량이 높은 아이들은 작은 행동 하나라도 꾸준히 실천하려는 태도를 가지고 있다. 해야 할 일을 미루지 않고 시작하는 힘, 산만해질 때 자신을 다시 집중시키는 힘, 중간에 흔들릴 때에도 자신을 격려하며 유지하는 힘, 이러한 '행동의 습관'들이 쌓여 아이를 성장시킨다.

고등학교 1학년이 된 지연이는 유독 실행력이 부족한 아이였다. 매번 계획만 세우고 며칠 못 가서 흐지부지해지곤 했다. 지연이에게 변화가 찾아온 것은 학습 코칭 시간에 '하루 루틴 점검표'를 작성하게 된 이후였다. 감정 기복이 심했던 지연이는 공부에 방해가 되는 감정을 기록하고, 어떤 요일과 시간에 공부에 집중이 잘 되는지를 적어나가며 스스로를 관찰하는 시간을 가졌다.

예를 들어,
- 월요일 야간 자율학습 시간에는 한 주의 시작이라 그런지 기분이 가라앉고 집중이 잘 안되었다. 그 시간에는 과감히 쉬운 과목으로 먼저 시작했다.
- 시험이 다가올 때는 극도로 예민해졌다. 하루 10분이라도 짧은 산책을 하며 기분을 전환했다.

이런 작은 습관들 덕분에 지연이는 스스로 조절하고 관리하는 능력을 키웠고, 중간고사에서 10점 상승이라는 결과를 만들어 냈다.

자기 관리력을 키우는 실천 질문

아이들에게 자기 관리를 가르칠 때는 '지켜야 할 규칙'을 강조하기보다는 스스로를 돌아보게 하는 질문이 더 효과적이다.

1) 감정 조절 관련 질문

− 내가 오늘 가장 강하게 느꼈던 감정은 무엇인가?

− 그 감정을 느끼게 한 상황은 무엇인가?

− 그때 나는 어떤 선택을 했고, 그 선택은 올바른 선택이었는가?

− 다음에 같은 상황이 생긴다면 어떻게 대처하고 싶은가?

2) 목표 설정과 동기 점검 질문

− 지금 내가 가장 중요하게 생각하는 목표는 무엇인가?

− 이 목표는 왜 중요한가?

3) 시간 관리와 습관 형성 질문

− 오늘 하루 시간을 어떻게 보냈는가?

− 시간을 가장 잘 활용한 활동은 무엇인가?

− 낭비했다고 느낀 시간은 언제였는가?

− 나를 방해하는 요인은 무엇인가?

− 방해 요인을 제거할 방법이 있는가?

− 내가 지키고 싶은 하루 습관은 무엇인가?

− 내일 하루는 어떤 계획으로 보내고 싶은가?

4) 자기 인식과 회복 탄력성 질문

− 나는 어떤 상황에서 스트레스를 가장 많이 받는가?

− 나는 스트레스를 어떻게 해소하는가?

- 내가 스스로에게 자주 하는 말은 무엇인가?
- 최근에 가장 뿌듯했던 순간은 언제였는가?
- 최근에 가장 힘들었던 순간은 언제였는가?

이런 질문은 아이로 하여금 자신을 외부에서 통제받는 존재가 아닌, '자신의 삶을 설계하는 주체'로 느끼게 만든다.

"질문은 생각을 멈추고 돌아보게 한다."
"질문은 행동을 스스로 선택하도록 돕는다."
"질문은 성찰과 회복을 가능하게 한다."
"질문은 습관을 형성하게 한다."
"질문은 내 마음을 비추는 거울이자, 더 나은 방향으로 걸어갈 수 있는 내면의 코치이다."

자기 관리는 나만의 루틴을 만드는 힘

공부가 잘되는 아이들을 보면 공통점이 있다. 바로 자기만의 루틴이 있다는 점이다. 공부 전에는 명상으로 집중력을 끌어올리고, 휴식 시간에는 간단한 산책으로 머리를 식히며, 하루를 마무리할 때는 목표를 다시 점검한다. 이런 루틴은 누가 시켜서 만들어진 것이 아니다. 스스로의 감정과 에너지 흐름을 이해하고, 그것에 맞는 방법을 선택하며 만들어진 자기만의 관리 시스템이다.

이렇듯 자기 관리는 단지 '의지'의 문제가 아니다. 그것은 자신의 감정과 행동을 읽고, 다시 방향을 잡는 자기조절력이다. 목표는 누구에게나 있지만, 그 목표를 끝까지 실현하는 아이는 스스로를 관리할 줄 아는 아이다.

4

공부를 뛰어넘는 경쟁력:
공감 능력

"아, 오늘 우산도 없는데 비까지 맞아서 너무 힘들었어."
퇴근하자마자 아내가 문을 열고 들어오며 말하자, 남편은 곧장 답했다.
"그럼 나가서 우산 사면 되잖아."

그 순간, 아내는 잠시 말이 없더니 씩 웃으며 말했다.
"지금 내가 원하는 건 우산이 아니라… 공감이야."

남편은 진심으로 문제를 해결하려고 했지만, 아내는 문제 해결보다 감정에 대한 이해와 공감을 원했다. 이 작은 엇갈림이 우리 일상에서 얼마나 자주 일어나는지 모른다.

그리고 이 '공감의 결핍'은 가정에서뿐만 아니라 교실과 직장, 친구 관계, 심지어 공부하는 자리에서도 그대로 드러난다.

공감 능력은 단순히 착한 마음이나 배려심을 뜻하지 않는다. 타인의 감정을 이해하고, 그 감정을 함께 느끼며, 그 상황에 맞는 반응을 할 줄 아는 '관계의 기술'이다.

이 기술은 사회생활의 기본이자, 협력·리더십·문제 해결 능력을 키우는 토대다.

아이들이 앞으로 마주할 세상은 혼자서만 잘하는 능력으로는 버티기 어렵다. 시험 성적을 뛰어넘어, 사람을 움직이고 팀을 이끄는 힘이 바로 공감 능력이다. 이제 우리는 묻지 않을 수 없다.

"우리 아이는 사람의 마음을 읽을 줄 아는가?"

민서의 이야기: 공감이 만든 놀라운 변화

중학교 2학년 민서는 처음에는 친구들과 잘 어울리지 못하는 아이였다. 상대방의 입장을 이해하기보다는 자신의 생각을 먼저 주장하는 일이 많았고, 때로는 무심코 던진 말이 친구에게 상처를 주기도 했다.

그러던 어느 날, 사회정서 코칭 시간에 '감정을 나누는 연습'을 하게 되었다. 상대방의 입장을 생각하며 "너는 그래서 속상했구나."라고 말해 보는 단순한 활동이었지만, 민서에게는 큰 깨달음을 주었다.

조금씩 민서는 친구들의 입장을 이해하려고 노력하고, 상대방이 어떤 감정을 느끼는지 상상해 보려 했다. 놀랍게도, 친구들과의 갈등이 줄어들었고, 점차 친구들이 민서를 믿고 고민을 털어놓기 시작했다. 민서는 이렇게 말했다.

"내가 친구의 마음을 먼저 이해하려고 하니까, 친구들도 내 마음을 이해해 줬어요. 덕분에 친구들과 더 깊은 대화를 나눌 수 있었어요."

공감 능력이 민서에게 가져다준 것은 단순한 '좋은 관계'만이 아니었다. 민서는 반장 선거에서도 당선되었고, 주변 친구들의 신뢰를 얻어 리더십까지 자연스럽게 키워 가고 있다.

공감 능력은 관계를 넘어서 '리더십'을 키운다

공감 능력은 단순히 '좋은 사람'이 되기 위해 필요한 것이 아니다. 타인의 감정을 이해하고 배려할 수 있는 사람은 협력과 조정이 필요한 상황에서 자연스럽게 리더 역할을 하게 된다.

특히, 공감이 높은 사람은 다음과 같은 강점을 가진다.

- 팀워크를 이끌어 내는 능력
- 갈등 상황에서 중재하고 조율하는 능력
- 다양한 사람과 신뢰를 쌓는 능력

공감은 결국 '사람과 함께 성장할 수 있는 힘'이다. 이 힘은 학교 안에서뿐만 아니라 사회에 나가서도 강력한 경쟁력이 된다.

세계 기업들은 왜 공감 능력을 중시할까?

4차 산업혁명으로 기술이 급속도로 발전하면서 더 이상 지식이나 기술만으로는 경쟁력을 갖추기 어려운 시대가 되었다. 21세기 핵심 역량은 창의성, 비판적 사고, 협업 능력, 그리고 공감 능력이다.

공감 능력이 전 세계 교육과 기업의 중심 화두로 떠오르고 있다. 특히, 공감 능력은 사람과 사람을 연결하고, 다양성과 차이를 이해하며, 효과적인 협업과 소통을 가능하게 한다는 점에서 더욱 주목받고 있다.

세계적인 기업들은 신입 사원이나 리더를 선발할 때 단순히 스펙이나 성과만을 평가하지 않는다. 대신, 공감 능력(Empathy)을 갖춘 인재를 적극적으로 채용하며, 이를 조직 내에서도 중요한 역량으로 간주하고 있다.

글로벌 커피 브랜드 '스타벅스(Starbucks)'는 고객의 감정을 세심하게 살피고 공감하는 서비스를 핵심 가치로 삼고 있다. 스타벅스는 직원 교육 프로그램에서 '감정 인식'과 '공감적 경청'을 강조하며, 고객 한 사람 한 사람의 경험을 존중하는 문화를 구축해 왔다. 그 결과, 고객 충성도와 브랜드 이미지 모두에서 높은 평가를 받고 있다.

또한, '마이크로소프트(Microsoft)'는 리더십 개발 과정에 '공감 기반 리더십(Empathic Leadership)'을 주요 요소로 포함시켰다. CEO 사티아 나델라는 "공감은 혁신의 출발점"이라며, 기술보다 먼저 사람을 이해하고 연결하는 것이 지속 가능한 성장의 열쇠라고 강조한다. 실제로 마이크로소프트는 공감과 포용을 바탕으로 한 조직 문화 전환 이후 창의성과 생산성 측면에서 눈에 띄는 성과를 거두었다.

이처럼 공감 능력은 더 나은 고객 경험을 창출하고, 팀의 협업을 강화하며, 조직의 혁신 문화를 이끄는 동력으로 작용한다. 단순한 '감성'을 넘어 기업 경쟁력의 핵심 역량으로 자리 잡은 것이다.

공감 능력이 높은 직원은 다음과 같은 강점을 발휘한다:
→ 고객의 니즈를 빠르게 파악한다.
→ 팀원과 협력하여 성과를 낸다.
→ 다양한 문화와 사람을 이해하며 글로벌 무대에서 강력한 경쟁력을 발휘한다.

세계적 기업들이 공감 능력을 중시하는 이유는 단순히 사회적 미덕 때문만이 아니다. 사람 중심의 소통과 관계 형성은 협력과 혁신은 물론, 지속 가능한 성장을 가능하게 하기 때문이다.

우리 아이들이 지금 공감을 배워야 하는 이유

학생들이 살아갈 미래는 지금보다 더 예측하기 어렵고, 과거보다 훨씬 다양한 사람들과 훨씬 빠른 속도로 관계를 맺게 될 것이다. 하지만 그만큼 '깊은 이해'와 '진정한 소통'은 점점 더 어려워지고 있다. 지금 우리 아이들에게 필요한 것은 더 많은 정보나 기술이 아니다. 다른 사람의 마음을 읽고, 함께 성장하는 힘, 바로 '공감 능력'이다.

공감 능력이 뛰어난 아이들은 친구와의 갈등을 해결하고, 친구 관계를 풍요롭게 하며, 학급과 학교에서 신뢰를 쌓는다. 장기적으로는 사회에 나가서도 존중받고 리더로 성장하는 기반이 된다.

공감 능력, 어떻게 키울 수 있을까?

공감은 타고나는 성격이 아니라 경험과 훈련을 통해 충분히 길러질 수 있는 역량이다. 특히 가정과 학교는 아이들이 공감을 배우고 연습할 수 있는 가장 중요한 공간이다.

1. 자기감정을 인식하고 표현하는 연습이 필요하다.

공감은 타인의 감정을 이해하는 능력이지만, 그 출발점은 자신을 아는 것이다. "지금 나는 어떤 감정을 느끼고 있을까?", "왜 이런 기분이 들었을까?"와 같은 질문을 스스로 던지며 감정을 언어로 표현하는 습관을 길러야 한다.

2. 타인의 입장에서 생각해 보는 훈련이 중요하다.

다양한 역할극(Role Play)이나 이야기 나누기를 통해 다른 사람의 상황과 감정을 상상해 보는 활동은 공감 능력을 키우는 데 효과적이다. 예를 들어, 친구가 속상한 상황일 때 "나라면 어땠을까?"를 함께 고민해 보는 것만으로도 공감의 문이 열린다.

3. 가정과 학교에서의 모범적인 모델링이 중요하다.

부모와 교사가 아이의 감정에 귀 기울이며 반응해 주는 모습을 보일 때, 아이는 자연스럽게 '공감받는 경험'을 통해 타인에게 공감하는 법을 배운다. 말보다 행동이 더 큰 교육이 되는 것이다.

4. 공감과 관련된 책이나 미디어 콘텐츠를 활용하는 것도 좋은 방법이다.

이야기 속 인물의 감정과 상황을 분석하며, 감정의 흐름을 이해하고 이를 연결 짓는 연습을 할 수 있다.

코칭 프레임워크

공감 능력 점검 리스트 (CASEL 기반)

아래 문항들을 읽고, 자신에게 얼마나 해당하는지 1점부터 5점까지 점수를 매겨 보세요.
(1점: 전혀 그렇지 않다 / 2점: 그렇지 않은 편이다 / 3점: 보통이다 / 4점: 대체로 그렇다 / 5점: 매우 그렇다)

공감 능력 점검 리스트 (CASEL 기반)	1	2	3	4	5
1. 다른 사람의 감정을 이해하려고 노력한다.					
2. 친구나 가족의 기분 변화를 잘 알아차린다.					
3. 다른 사람의 입장에서 상황을 생각해 본다.					
4. 누군가 어려움을 겪을 때 도와주고 싶어진다.					
5. 다른 사람의 감정에 공감하여 함께 기뻐하거나 슬퍼한다.					
6. 갈등 상황에서 상대방의 감정을 고려하여 행동한다.					
7. 다양한 배경을 가진 사람들의 감정을 이해하려고 한다.					
8. 친구가 기뻐할 때 함께 기뻐해 준다.					
9. 다른 사람의 감정을 상하게 하지 않도록 주의한다.					
10. 감정이 격해진 상황에서도 상대의 감정을 이해하려고 노력한다.					
총점					

점수 해석

45~50점: 뛰어난 공감 능력! 사람들과 깊이 있는 관계를 잘 맺을 수 있어요.

35~44점: 공감 능력이 좋은 편이에요. 꾸준히 잘 유지해 보세요.

25~34점: 공감 능력이 보통이에요. 좀 더 상대의 입장에서 생각해보는 연습이 필요해요.

24점 이하: 공감하는 태도를 의식적으로 연습해 보면 좋아요. 말보다는 듣고 느끼는 연습이 중요해요!

참고 자료

CASEL의 SEL 프레임워크: https://casel.org/casel-sel-framework-11-2020/

Interpersonal Reactivity Index (IRI):

https://en.wikipedia.org/wiki/Interpersonal_Reactivity_Index

자신을 이해하고 감정을 조절하며 타인을 공감하는 능력은 단순히 좋은 사람이 되기 위한 조건이 아니다. 이는 배움의 동기를 이끌고 삶의 방향을 스스로 정하며, 협력과 성장을 가능하게 하는 핵심 역량이다.

⑤ 다시 일어서는 법을 배우다: 회복 탄력성

"내일은 아무런 실수가 없는 새로운 날이야."

루시 몽고메리의 소설 『빨간 머리 앤』에 나오는 이 말은 우리가 가진 가장 아름다운 능력을 보여준다. 바로 어제의 실패에 머물지 않고 내일의 가능성을 향해 다시 나아가는 힘, 회복 탄력성이다.

회복 탄력성, 단순한 '버티기'를 넘어서

많은 사람들이 회복 탄력성을 그저 꾹 참고 견디는 힘이라고 생각한다. 그러나 진정한 회복 탄력성은 단순한 인내가 아니다. 그것은 어려움을 통해 더 단단하고 지혜로운 모습으로 성장하는 힘이다.

회복 탄력성이 높은 아이들은 힘든 일을 겪었을 때 "왜 나에게 이런 일이 일어났을까?"라며 자책하지 않는다. 대신 "이 상황에서 내가 할 수 있는 것은 무엇일까?"라는 질문을 던진다. 아이는 바꿀 수 없는 것과 바꿀 수 있는 것을 구분하고, 후자에 집중한다. 마치 정원사가 날씨를 바꿀 수는 없지만 식물을 어떻게 돌볼지는 선택할 수 있듯이 말이다.

무엇보다 중요한 점은 회복 탄력성이 타고나는 성질이 아니라는 사실이다. 근육을 운동으로 키우듯이, 회복 탄력성도 훈련과 경험을 통해 충분히 길러질 수 있다. 아이에게 꼭 가르쳐 주어야 할 사회정서 역량 중 하나다.

사회정서 학습의 토양에서 자라는 회복력

회복 탄력성은 혼자 생겨나는 능력이 아니다. 사회정서 학습(SEL)이라는 교육적 토양 위에서 자라난다. SEL의 다섯 가지 핵심 영역은 모두 회복 탄력성을 키우는 데 필요하다.

자기 인식은 출발점이다. 아이가 자신의 감정을 알아차리고 "지금 나는 화가 나 있구나.", "실망스럽지만 끝은 아니야."라고 스스로 말할 수 있을 때, 감정에 휩쓸리지 않고 상황을 객관적으로 판단할 수 있다.

자기 관리는 감정을 건설적으로 다루는 능력이다. 화가 날 때 심호흡을 하거나, 실망했을 때 포기하지 않고 다른 방법을 찾는 것이 여기에 해당한다.

사회적 인식과 관계 기술은 회복력의 기반이 된다. 아이는 다른 사람의 감정을 공감하면서 관계를 맺고, 그 관계 속에서 지지를 얻으며 다시 일어설 수 있다.

책임감 있는 의사결정은 충동이 아니라 장기적인 관점에서 옳은 선택을 할 수 있는 힘이다.

관계 속에서 커지는 회복력

아무리 강한 사람이라도 혼자서는 모든 어려움을 이겨내기 어렵다. 아이도 마찬가지다. 부모와 가족이 주는 안정감은 아이에게 든든한 안전기지가 된다. 집에서 안정감을 느끼는 아이는 실패를 두려워하지 않고 새로운 도전에 나선다.

또한 아이가 힘들 때 이야기를 들어주고 공감해 주는 사람이 있다는 것만으로도 치유가 시작된다. 연구에 따르면, 트라우마에서 잘 회복하는 사람들의 공통점은 자신의 경험을 안전하게 나눌 수 있는 관계를 가지고 있다는 것이다. 이야기를 나누는 과정에서 아이는 감정을 정리하고, 새로운 시각을 배우게 된다.

더 나아가 아이가 누군가를 도와줄 때도 회복 탄력성은 자라난다. 타인을 돕는 과정에서 자신의 가치를 확인하고, 어려움 속에서도 의미를 찾을 수 있기 때문이다. 이것이 바로 '헬퍼 테라피 원리'다.

일상의 작은 실천이 만드는 힘

회복 탄력성은 하루아침에 길러지지 않는다. 일상의 작은 실천이 쌓여 만들어진다. 아이가 스스로 감정을 이해하고, 건설적으로 다루며, 의미 있는 관계를 만들고, 실패를 성장의 기회로 받아들이도록 꾸준히 도와주어야 한다.

특히 오늘날의 아이들에게 회복 탄력성은 필수다. 완벽함을 요구하는 사회, 즉각적인 성과를 강조하는 문화 속에서 아이들은 더욱 쉽게 지치고 좌절한다. 부모가 아이에게 해줄 수 있는 가장 큰 선물은 넘어지더라도 다시 일어설 수 있다는 믿음, 그리고 그 힘을 키워주는 환경을 만들어 주는 것이다.

1. 실패를 안전하게 경험할 수 있는 환경 만들기

아이가 작은 실패를 했을 때, "괜찮아, 그래도 이번에 배운 게 있잖아."라는 반응을 보여주어야 한다. 성적이나 결과보다 시도와 노력 자체를 인정해 주면 아이는 실패를 두려워하지 않고 도전할 수 있다. 가정이 '실패해도 되는 공간'이 될 때, 아이는 회복 탄력성을 배운다.

2. 감정을 표현할 수 있는 대화 문화 만들기

아이가 힘들다고 말할 때 "별것도 아닌 걸 왜 그래?"라는 반응 대신 "네가 많이 속상했구나."라고 공감해 주는 것이 필요하다. 부모가 먼저 자신의 감정을 솔직하게 표현하는 것도 좋은 모델링이 된다. 하루에 5분이라도 "오늘 어떤 기분이었어?"라고 묻는 습관이 큰 힘이 된다.

3. 함께 의미 있는 관계 경험하기

가족이 함께 식사하며 대화하고, 주말에 작은 봉사활동이나 나눔을 실천해 보는 것도 좋다. 아이는 관계 속에서 지지를 경험할 뿐 아니라, 누군가를 돕는 과정에서 스스로 힘을 회복한다. 이런 경험은 아이에게 "나는 혼자가 아니야."라는 든든한 믿음을 심어준다.

⑤ 5장

계획을 현실로 바꾸는 실행의 힘
- 행동

"목표를 향한 길은 즐겁지만은 않다. 그러나 끝까지 걸어 내는 힘이,
말뿐인 꿈과 이뤄낸 꿈을 가른다."

①

시간을 내 편으로 만들기: 시간 관리의 기술

"당신의 은행 계좌에 단 하루치의 시간이 있습니다. 그 시간을 다 쓰면, 당신의 삶도 끝납니다."

영화 〈인 타임(In Time)〉에 나오는 대사이다. 이 영화에서 시간은 곧 '돈'이자 '생명'이다. 일을 해서 시간을 벌고, 밥을 먹을 때도, 지하철을 탈 때도 모두 시간을 사용해 계산한다. 이 영화 속에서는 시간을 잘 다스리는 사람이 인생을 주도한다. 즉, 시간을 잘 관리하는 '시간 부자'만이 살아남을 수 있다는 뜻이다. 다소 극단적인 설정이긴 하지만, 이러한 비현실적인 설정은 시간이 얼마나 가치 있는 요소인지를 다시 한번 생각하게 해 준다.

"시간은 생명을 구성하는 가장 현실적인 단위이며, 삶의 방향을 결정짓는 자산이다."

누구에게나 똑같이 주어지는 24시간이지만, 그 시간을 어떻게 쓰느냐에 따라 삶의 방향은 완전히 달라진다. 스티븐 호킹의 『시간의 역사』에서는 시간을 관찰자에 따라 상대적으로 인식되는 개념으로 설명하고 있다. 신께서 누구에게나 공평하게 부여한 이 시간이 어떤 사람에게는 48시간처럼 활용될 수도 있고, 다른 사람에게는 허비되어 고작 12시간처럼 느껴질 수도 있다. 시간을 효과적으로 사용하려면 먼저 시간의 의미를 되찾아야 할 것이다.

시간이란 과연 무엇일까?

시간은 사전적으로 '사건이 일어나는 지속적인 흐름 또는 그것을 측정하는 기준'이라고 정의된다. 하지만 교육과 성장의 맥락에서 시간은 단순한 흐름이 아니라 '선택의 누적'이며, '삶의 우선순위를 드러내는 거울'이기도 하다.

행동 역량 코칭을 시작할 때 꼭 던지는 질문 중 하나는 바로 '시간이란 무엇인가?'이다. 한 아이는 시간을 '기회'라고 정의했다. 잘 사용하면 주어진 기회를 잡을 수 있고, 잘못 사용하면 시간도 낭비하고 기회도 잃어버리기 때문이다. 또 다른 아이는 시간을 '에너지', 즉 '힘'이라고 정의했다. 우리는 시간을 통해서만 변화하고 성장할 수 있기 때문이다.

어느 누구의 답이 맞고 틀리다고 논할 수는 없다. 그러나 분명한 것은 시간이 없으면 아무것도 할 수 없기에 시간은 소중하며, 잘 관리해야 한다. 이렇듯 시간 관리는 어른들뿐만 아니라 학생들에게도 매우 중요하다. 대부분 목표는 잘 세운다. 그러나 목표를 잘 세우고도 실천하지 못하는 이유는 시간의 흐름을 통제하지 못했기 때문이다.

시간 관리는 자기 자신과 자신의 생활을 체계적으로 관리하며, 시간을 극대화하여 의미 있게 사용하는 것을 말한다. 이제 우리 아이들이 먼저 가져야 할 것은 '시간을 바라보는 태도'이다. 시간은 눈에 보이지 않기 때문에 눈 깜짝할 사이에 흘려보내기 쉽다. 시간은 단순한 숫자가 아니라 '미래에 대한 투자'이다. 시간 관리는 여러 가지 장점을 가지고 있다.

시간 관리의 열 가지 장점

1) 시간을 낭비하지 않고 효율적으로 공부할 수 있다.
2) 목표를 세우고 준비를 더 철저히 할 수 있다.
3) 시험 결과가 향상된다.
4) 정신없이 서두르지 않아 스트레스를 덜 받는다.
5) 공부에 대한 만족도가 높아진다.
6) 공부에 대한 동기 부여가 강화된다.
7) 더 어려운 문제를 해결할 수 있는 능력이 생긴다.
8) 공부와 시험 결과에 대한 압박감이 줄어든다.
9) 문제를 풀 때 실수가 감소한다.
10) 목표 달성뿐만 아니라 인생의 목표를 이루는 데도 도움이 된다.

성공한 사람들의 시간 관리

성공한 사람들의 공통점은 시간을 의미 있게 사용하고, 늘 시간을 염두에 두며 체계적으로 활용한다는 점이다.

성공한 사람들은 과연 시간 관리를 어떻게 했을까? 70개국에서 2,500만 부 이상 팔린 스티븐 코비의 『성공하는 사람들의 7가지 습관』에서도 '소중한 것을 먼저' 하는 습관을 통해 시간 관리의 중요성을 강조하고 있다. 스티븐 코비는 시간 관리를 단순히 업무 정리로만 보지 않았다. 그는 시간 관리를 삶의 방식으로 여겼으며, 시간을 잘 관리하는 방법을 아는 것이 행복한 삶을 만드는 데 지대한 영향을 미친다고 주장했다.

우리나라의 위대한 실학자 정약용 선생은 학문적 성취와 삶의 과정에서 철저한 시간 관리를 실천한 인물로 유명하다. 그의 성취는 철저한 시간 관리와 학문에 대한 열정 덕분이었다. 유배 생활 중에도 학문에 몰두하며 수많은 저서를 남겼는데, 이는 하루의 시간을 철저히 분배하여 8시간 이상의 학문 몰두 시간을 확보했기 때문이다. 그는 글을 쓰고 자신의 사상을 연구하며 정리하는 데 시간을 활용했다. 또한, 『경세유표』라는 책에서 효율적인 행정과 시간 관리의 중요성을 언급하며, 행정의 모든 단계에서 시간을 관리하면 낭비를 최소화할 수 있다고 주장했다. 그는 매일 잠자기 전에 하루를 돌아보며 자신이 올바르게 시간을 사용했는지, 학문에 충실했는지를 성찰하는 시간을 가졌다.

테슬라와 스페이스 X의 CEO인 일론 머스크는 하루를 5분 단위로 쪼개어 시간을 관리할 만큼, 철저한 시간 관리로 바쁜 일정 속에서도 시간을 낭비하지 않고 업무를 효율적으로 수행하며 각 프로젝트를 성공적으로 이끌어가는 것으로 유명하다. '일주일에 100시간을 일하라'고 말하는 그는 다른 회사가 50시간을 일하는 것에 비해 두 배 더 빠르고 더 많은 성과를 내기 위해 이처럼 철저히 시간을 관리하고 있다. 또한, 바쁜 생활 속에서도 가족과의 시간을 소중히 여기며 하루 6시간의 수면을 유지하는 것이 건강한 삶을 지속하는 비결일지도 모른다.

세계적인 투자자 워런 버핏은 시간을 효율적으로 관리하기 위해 해야 할 일을 제한적으로 선택한다. 그는 가장 중요한 목표 스물다섯 가지를 적어보고, 그 중 꼭 이루고 싶은 상위 다섯 가지 목표를 정한다. 그리고 그 목표를 달성하기 위해 불필요한 일은 철저히 배제하는 극단적인 우선순위 전략을 활용하는 것으로 유명하다. 오직 목표를 달성하는 데만 에너지를 집중한다. 또한, 올바른 투자를 위해 깊이 생각하고 침착하게 결정을 내릴 수 있는 시간을 확보한다고 한다.

이렇듯 성공한 사람들 대부분은 시간 관리에 능숙한 사람들이다. 그들은 먼저 목표를 명확히 설정하고, 그 목표를 달성하기 위해 시간 관리가 필수적이라는 사실을 잘 알고 있었다. 그러나 현재 많은 청소년들은 여러 고민으로 인해 목표 설정을 미루거나, 시간 관리에 대해 진지하게 고민하지 않는 경우가 많다. 영어와 수학은 학원이나 다양한 정보로 학습법을 배울 수 있지만, 미래를 설계하고 꿈을 이루기 위해 무엇을 해야 하며 시간을 어떻게 관리해야 하는지 가르쳐 주는 곳은 거의 없어 막막함을 느끼는 경우가 많다. 이러한 이유로 10대들을 위한 지침서가 필요하다는 점을 절실히 깨닫고 이 글을 쓰고 있는지도 모르겠다.

시간 관리 - 실천력의 출발점

숙제를 하지 않은 많은 학생들이 이렇게 말한다.

"선생님, 제가 얼마나 바쁜지 아세요?"
"숙제를 하려고 했는데, 시간이 없었어요."
하지만 정말 그럴까? 우리에게는 매일 똑같이 24시간이 주어진다. 공부를 잘하는 학생과 그렇지 못한 학생의 차이는 시간의 절대량이 아니라, 시간을 활용하는 방식에 있다. 따라서 실천력을 키우기 위한 첫 번째 관문은 바로 시간 관리이다.

시간도 통장처럼 얼마가 남아 있는지 바로 알 수 있다면 얼마나 효과적일까? 시간을 효과적으로 관리하는 사람은 눈에 보이지 않는 시간을 계획과 기록을 통해 가시적으로 만드는 사람이다.

시간을 흘려보내는 아이 vs 시간을 설계하는 아이

하루의 시간을 분석해 보면, 우리 아이가 어떤 유형인지 알 수 있다. 어떤 아이는 시간을 흘려보내고, 어떤 아이는 시간을 설계하며 살아간다. 하루를 살펴보면 작은 차이처럼 보일 수 있지만, 일주일, 한 달, 1년이 지나면 삶의 방향을 완전히 바꿔놓는 것이 바로 이 '시간'이다.

'시간을 흘려보내는 아이'의 하루는 다음과 같다.

1) 계획 없이 눈을 뜬다.
2) 자극적인 활동으로 시간을 채운다.
3) 해야 할 일을 미루며 불안을 키운다.
4) 자신감이 점점 떨어진다.

반면, '시간을 설계하는 아이'는 다르다.

1) 하루의 흐름을 스스로 계획한다.
2) 작은 일부터 시작해 동력을 얻는다.
3) 시간의 주인이 된다.
4) 실천의 경험이 자신감을 키운다.

시간 관리와 자기조절력의 관계

시간 관리 능력은 자기조절의 핵심이라고 할 수 있다. 그 이유는 다음과 같다.

1. 시간 관리는 자기 통제의 실천이다.

시간을 계획하는 것은 누구나 할 수 있다. 하지만 그 계획을 지키려면 지금 당장 하고 싶은 일들, 예를 들어 휴대폰 사용, 게임, 친구 만나기 등을 잠시 미루고 해야 할 일을 먼저 실천하는 것이 필요하다. 이 과정에서 자신의 감정과 욕구를 조절하며 현재 해야 할 일에 집중하는 연습이 반복되기 때문에 자연스럽게 자기조절력이 향상된다.

2. 계획을 지켜내는 경험이 조절력을 강화한다.

하루의 일정을 스스로 세우고 그것을 실천하는 경험을 반복할수록 자신의 행동을 조절하는 능력, 집중력을 유지하는 능력, 그리고 목표를 위해 유혹을 이겨내는 능력이 발달한다.

3. 시간 관리는 감정 조절과도 연관된다.

시간이 부족하거나 계획대로 되지 않았을 때 느끼는 스트레스를 조절하고 다시 일어서는 힘도 조절력의 일부이다. 시간 관리를 통해 지금은 '공부'를 선택하고, 나중에는 '휴식'을 선택하는 방식으로 감정을 조절하는 능력이 향상된다.

시간은 '재료'다

최근 넷플릭스 화제작 '흑백요리사'에서 최현석 셰프의 리더십이 주목받았다. 특히 인상적이었던 장면은 메뉴를 정하기 전, 먼저 필요한 재료를 확보하는 모습이었다. 상대 팀과의 협력보다 먼저 '내가 확보해야 할 것'을 챙기는 그의 선택은 다소 이기적으로 보일 수 있었지만, 전략적 판단으로는 매우 현명한 결정이었다.

이 장면은 시간 관리의 본질을 잘 보여준다. 시간은 음식의 재료와 같다. 목표를 향해 나아가기 위해 반드시 확보해야 하는 가장 중요한 자원이다. 농부가 밭을 제대로 관리하지 못하면 한 해 농사를 망치게 된다. 땅을 치고 후회해도 소용이 없다. 학생들도 이와 같다. 시간이라는 밭에 공부의 씨앗을 심고 정성껏 가꿔야 한다. 그 과정 속에 흘린 땀방울은 결국 풍성한 결실로 돌아와, 스스로의 미래를 밝히는 열매가 된다.

코칭 프레임워크

오늘 흘려보낸 시간을 기록해 보자. 당신은 오늘 잠에서 깨어나 다시 잠들기까지 어떻게 시간을 보냈는가? 평소의 나는 시간을 어떻게 흘려보내고 있는지 점검해 보자.

나의 하루는 어떻게 흘러가는가?[9]

하는 일	하루 평균 사용 시간	사용 비중
잠	시간	%
학교 수업	시간	%
식사	시간	%
학원/과외 수업	시간	%
TV(넷플릭스) 시청	시간	%
핸드폰 사용	시간	%
자기주도 학습	시간	%
컴퓨터 사용	시간	%
휴식	시간	%
자유시간	시간	%
독서	시간	%
Total	24시간	100%

---

9 행동 역량 마스터 과정 교안

"의미 있게 사용한 시간은 언제인가?"

"낭비한 시간은 언제인가?"

"당신이 늘려야 하는 시간과 줄여야 하는 시간은 언제인가?"

무심코 3시간 흘려보냈을지도 모른다. 하루에 흘려보낸 3시간은 별것 아닌 것처럼 느껴질 수 있다. 하지만 일주일이면 21시간, 한 달이면 90시간이 넘는다. 행동 역량 코칭의 목표는 바로 여기에 있다. 시간을 허투루 쓰는 학생들이 시간을 가치 있게 활용하여 목표에 도달하도록 돕는 것이다. 목표를 이루기 위한 가장 중요한 자원은 결국 시간이기 때문이다.

우리가 불필요한 지출을 막고, 필요한 곳에 돈을 쓰기 위해 가계부를 쓰듯이, 하루의 시간 사용을 분석하는 일도 마찬가지다. 무의미하게 흘려보낸 시간을 되찾고, 가치 없는 일들에 소중한 시간을 낭비하지 않도록 하기 위한 과정이다. 결국 시간 분석은 내가 가진 가장 중요한 자원인 '시간'을 더 의미 있는 일에 투자하게 만드는 필수적인 작업이다.

만약 당신의 시간이 원하는 방향으로 흘러가지 않고 있다면, 반드시 시간을 분석해야 한다. 어디에 시간을 쓰고 있는지 기록하고, 불필요한 활동을 줄이고, 목표 달성을 위해 꼭 필요한 시간부터 확보해야 한다.

그렇게 할 때, 시간은 당신을 돕는 강력한 재료가 되고, 목표를 완성하는 과정의 든든한 토대가 된다.

꿈에서 목표로, 목표에서 현실로: 목표 설정법

"목표를 세우는 것은 보이지 않는 것을 보이게 하는 것이다." – 토니 로빈스(동기부여 강연가)

시간을 체계적으로 관리하고 싶다면 가장 먼저 해야 할 일은 무엇일까? 바로 목표를 설정하는 것이다. 가고자 하는 방향을 정하면 미래가 보이기 시작한다. 그러나 목표가 없다면 시간을 쓰는 일이 무의미해질 수 있다. 내가 왜 이 일을 하고 있는지 모른다면 금세 나태해지고, 방향을 잃은 배처럼 떠돌게 될 것이다.

목표란 무엇인가?

목표(目標, Goal)란 우리가 이루고자 하는 구체적인 바람이나 계획을 뜻한다. 목표는 우리 삶의 방향을 제시하고, 무엇에 집중해야 할지를 알려주는 나침반과 같은 역할을 한다. 행동을 통해 이루고자 하는 대상에 가까이다가가도록 돕는 목표는 인생의 나침반, 지도, 진로, 꿈 등의 역할을 한다.

목표가 정해지면 하고자 하는 동기가 생긴다. 아무리 어려운 상황에서도 포기하지 않고 꾸준히 노력할 수 있는 힘을 얻게 된다. 또한 목표는 시간과 에너지를 효과적으로 사용하는 데 도움을 주기 때문에 자기 성장의 원동력이 된다.

"목표가 있는 사람은 장애물을 넘어 방법을 찾고, 목표가 없는 사람은 변명만 찾는다." – 지그 지글러(동기부여 강연가)

교육 현장에서 목표도 꿈도 없는, 단지 '돈 많은 백수'가 꿈이라는 청소년들을 자주 만나게 된다. 자신의 꿈이 무엇인지, 좋아하는 것이 무엇인지조차 생각해 본 적 없는 친구들도 많다. 반면, 아직 꿈은 없지만 끊임없이 자신의 꿈을 탐색하는 청소년들도 있다. 목표는 언제든지 변할 수 있다. 목표가 변한다고 해서 실패한 인생을 사는 것은 아니다. 지금은 끊임없이 목표를 재설정하며 더 나은 미래를 설계해 나가야 할 시기다. 만약 자녀가 목표가 없는 상태라면 더욱 관심을 가지고 지금부터 목표 설정을 위해 도움을 주어야 한다.

목표가 없는 아이들의 특징

1) 의욕이 부족하고 쉽게 지친다.
2) 시간을 허비하는 일이 많다.

3) 자기 자신에 대한 확신이 부족하다.

4) 비교와 불안이 심하다.

5) 계획 없이 그날그날 살아간다.

6) 자기주도성이 약하다.

7) 성취 경험이 부족하다.

목표가 없는 아이들을 도와주는
여섯 가지 방법

목표가 없다고 해서 자녀를 한심하게 바라봐서는 안 된다. 아이들이 목표가 없다는 것은 어쩌면 자신의 미래를 진지하게 고민해 본 적이 없기 때문일 수 있다. 따라서 자녀에게 충분한 생각할 시간을 주고, 대화를 통해 스스로 목표를 설정할 수 있도록 옆에서 도와주는 것이 중요하다.

1. 비교보다는 탐색하는 질문을 던져라.

"넌 왜 아직도 네 꿈 하나도 못 정했어?"라고 다그치기보다는, 아이들이 무엇을 원하고 무엇을 좋아하는지 질문을 통해 알아보자.

"넌 무엇을 할 때 가장 신나니?"

"어떤 활동을 할 때 시간이 빨리 지나가는 것 같아?"

"인생에서 가장 열심히 해 본 일은 뭐야?"

실제로 코칭 했던 한 고2 남학생은 자신의 꿈이 무엇인지 잘 모르고 있었다. 그때 "너는 무엇을 할 때 제일 즐거워?"라는 질문을 던졌더니, 그는 방을 정리하고 가구 배치를 바꿀 때 주변 사람들로부터 보기 좋다는 칭찬을 자주 들었다고 말했다. 또한, 그림에 소질이 있지만 전문적으로 미술 학원을 다녀본 적은 없다고 했다. 이에 '실내 인테리어 디자인 전공'을 추천했더니, 한 번도 생각해 본 적 없던 목표였지만 너무 신날 것 같다고 했다. 그 학생은 고3이 된 지금도 그 목표를 유지하며 열심히 꿈을 이루기 위해 노력하고 있다.

2. 해야 할 일보다는 하고 싶은 일을 말하도록 유도하라.

많은 아이들이 해야 할 일 때문에 방향을 잃는 경우가 많다. 해야 할 일은 주로 외부에서 주어질 때가 많다. 예를 들어, "숙제를 해야 해!", "학원에 가야 해!"와 같은 일들은 아이들이 스스로 원해서 하는 일이 아니기 때문에 흥미와 주도성이 떨어질 수 있다. 결국 "이걸 내가 왜 해야 하지?"라는 생각이 들면서 동기가 약해질 수 있다. 반면, 아이들이 하고 싶은 일이 무엇인지 고민해 보면 동기의 씨앗이 자라날 수 있다.

3. 작은 성공 경험부터 쌓게 하라.

어떤 행동을 망설이는 첫 번째 이유는 불안과 걱정이다. 일단 작은 것부터 도전하게 해 보자. 예를 들어, '수학 문제집 매일 두 쪽씩 풀기'를 한 달간 지속하는 작은 목표를 세워보자. 한 달 뒤 이 목표를 달성한 아이는 스스로 할 수 있다는 믿음을 갖게 된다. 작은 성공 경험이 쌓이면 '성공 정체감

(success identity)'이 형성된다. 이는 자신을 성공할 수 있는 사람, 가치 있는 사람, 목표를 이룰 수 있는 존재로 인식하게 만들어 자신감을 높이고 더 큰 도전을 가능하게 한다. 이때 막연한 목표보다는 실현 가능한 현실적인 목표를 설정하는 것이 중요하다.

4. 직업 및 진로 검사와 체험의 기회를 제공하라.

직업 · 진로 체험을 통해 아이가 어떤 일에 가장 흥미와 관심을 보이는지 알 수 있다. 요즘은 온라인과 오프라인에서 다양한 체험 기회가 제공된다. 각 지역의 교육지원청 및 학교와 연계한 체험, 직업 박람회, 진로 캠프, 온라인 진로 체험 사이트 등을 활용해 어떤 분야에 관심이 있는지 탐색해 보게 한다면 아이가 목표를 정하는 데 도움이 될 것이다.

5. 닮고 싶은 사람을 롤 모델로 정하게 하라.

"너는 어떤 사람이 멋져 보여?" 주변을 살펴보면 아이들이 유독 따르거나 닮고 싶어 하는 유튜버, 선배, 친구 등이 있을 것이다. 그들을 좋아하는 이유를 생각해 보며 어떤 점이 멋있어 보였고, 어떤 점을 닮고 싶은지 이야기 나눠 본다. 이를 통해 자신이 닮고 싶은 사람의 이미지를 떠올리고, 그를 닮아가려고 노력해 본다. 구체적인 롤 모델이 생기면 목표를 설정하는 데 도움이 된다.

6. 지금 당장 꿈이 없어도 괜찮다는 메시지를 전하라.

꿈이 없는 청소년은 게으른 것이 아니다. 가장 중요한 것은 아이들이 마음을 열고 자신의 꿈을 탐색할 수 있는 안정감을 느끼는 것이다. 당장 꿈이 없으면 큰일이 날 것처럼 말한다면 오히려 아이들에게 걱정과 불안을 안겨 줄 뿐이다. "네가 지금 경험하는 것이 너의 꿈을 만들어 줄 거야!"라고 아이들을 수용하고 믿어 준다면, 아이들은 언젠가 자신이 하고 싶고 잘하는 일을 찾아낼 것이다.

나만의 목표를 그리는 법
– 만다라트 기법 활용하기

"목표는 있는데, 어떻게 구체화하는지 모르겠어요."
"드디어 하고 싶은 일을 찾았는데, 이것을 이루기 위해 무엇부터 해야 할지 막막해요."

만다라트 기법을 활용하면 고민을 구체화하고 꿈을 시각화할 수 있다. 만다라트(Mandal-Art)는 'Mandala'와 'Art'의 합성어로, 'Mandala'는 산스크리트어로 '원(圓)'을 뜻하며 중심과 전체를 연결하는 구조를 의미한다. 중심에서 바깥으로 퍼지는 원형 구조는 사고의 확장, 집중, 명상 도구로도 활용된다. 'Art'는 우리가 아는 예술이라는 뜻뿐만 아니라 구조적 체계, 설계, 구성이라는 의미도 포함한다. 즉, 만다라트는 생각을 정리하는 도구나 방법을 뜻한다.

이 기법은 나의 꿈에서 시작해 꿈을 실현하기 위한 여덟 가지 요소를 바탕으로 사고를 넓히고 구체화하는 데 유용하다. 일본 디자이너 이마이 히로아키가 만든 창의적 목표 설계 도구이다. 일본의 야구 전설 오타니 쇼헤이는 '8구단 드래프트 1순위'라는 자신의 목표를 이루기 위해 만다라트 계획표를 활용해 여덟 가지 세부 목표를 세웠다. 그는 몸만들기, 제구, 구위, 멘탈, 스피드 160m/h, 인간성, 운, 변화구라는 세부 목표를 다시 8개의 세부 항목으로 구체화하며 꿈을 이루었다. 특히, 오타니 쇼헤이가 멘탈과 인간성을 목표로 설정한 점은 놀라운 일이다. 그는 감성, 사랑받는 사람, 감사, 배려, 계획성, 예의, 신뢰받는 사람, 지속력 등의 목표를 적어 놓았는데, 이를 통해 그의 품성을 엿볼 수 있다. 오타니 쇼헤이는 만다라트 목표 달성 표를 통해 자신의 목표를 이루었으며, 이 기법은 많은 사람들에게 알려져 실제 목표를 구체화하는 데 널리 사용되고 있다.

만다라트 목표 달성 표 작성법
1) 먼저 중앙에 가장 이루고 싶은 중심 목표를 적는다.
2) 중심 목표 주변에 중심 목표를 이루기 위한 주요 목표 8개를 적는다.
3) 각 주요 목표를 이루기 위한 세부 목표를 작성한다.

만다라트 계획표는 목표를 시각적으로 정리하는 데 효과적이다. 이때 전체를 한 번에 작성하려고 무리하기보다는 한 달 또는 학기 단위로 수정하며 계획을 지속적으로 업데이트하는 것이 바람직하다. 책상에 붙여 놓고 꿈을 계속 수정해 나간다면, 만다라트는 꿈을 구체화하는 '지도' 역할을 할 것이다.

만다라트 계획표

올해 내가 이루고 싶은 목표를 적어보세요!

	성적 관리			학습 습관 확립			탐구,독서 활동 강화	
			성적 관리	학습 습관 확립	탐구,독서 활동 강화			
	봉사 활동		봉사 활동	간호학과 합격하기	면접 준비		면접 준비	
			의사소통 공감 능력 개발	체력 강화	목표 시각화			
	의사소통 공감 능력 개발			체력 강화			목표 시각화	

남이 시킨 목표 말고,
내 안에서 나오는 목표

"저희 부모님이 의사가 되길 원하셔서 그 꿈을 이루어 드리기 위해 의사가 되었습니다."

"사람들이 공무원이 안정된 직업이고 노후가 보장된다고 해서 공무원이 되었죠."

예전에는 부모님의 목표가 자신의 목표가 되는 경우가 흔했다. 가난하던 시절, 부모님의 꿈은 곧 자녀의 생존을 위한 선택이었다. 자녀의 목표는 부모의 기대와 같았고, 많은 사람들이 그 길을 따라갔다. 하지만 지금은 다르다. 아이들은 더 많은 정보들을 알고 있고, 다양한 진로 탐색을 할 수 있는 시대를 살고 있다. 누군가가 정해 준 목표는 오래가지 못한다. 그 이유는 자신의 마음과 연결되지 않기 때문이다. 이런 목표는 힘든 시간이 올 때 금방 포기해 버리는 목표가 되기 쉽다.

내 안에서 진정으로 원하는 목표를 찾아야 하는 핵심 이유는 다음과 같다.

1. 자기 결정감(Self-Determination)이 높아진다.

인간은 스스로 선택했다고 느낄 때 가장 강력한 동기를 느낀다. 'IKEA 효과'를 들어 본 적이 있을 것이다. 누군가가 만들어 놓은 완제품보다 자신이 직접 조립하고, 완성한 제품에 더 큰 애정을 가지는 현상이 바로 'IKEA 효과'인 것처럼 자신이 선택한 목표를 위해 시간과 노력을 들일 때 그 목표를 더 이루어 내고 싶고, 유지하고 싶은 동기가 강력히 생기게 된다. 아직은 부족하지만 스스로 부딪히며 이루어 냈을 때 느끼는 성취감은 이루 말할 수 없을 것이다.

"이건 내가 정한 거야."라는 감정은 어려움이 와도 포기하지 않는 힘이 된다.

2. 감정과 연결되어 있기 때문에 지속하기 쉽다.

내가 원하는 목표는 흥미, 관심, 가치와 연결되어 있다. 내가 즐거운 감정을 느꼈던 그 꿈을 향해 가는 길은 즐겁다. 감정이 함께하는 목표는 몰입도도 높고, 실패했을 때 다시 도전할 확률도 높다.

3. 비교와 좌절에서 벗어나 나만의 길을 걷게 된다.

남이 시킨 목표는 남과의 비교에서 출발하게 된다. 반면 내가 원하는 목표는 내 기준에서 출발해 스스로 만족을 느끼게 한다. 어제보다 나아진 자신을 볼 때, 성취감을 느끼고 꿈을 향한 여정이 행복하게 느껴지기 때문에 우직하게 그 길을 걸어 나갈 수 있는 힘을 얻는다.

4. 진짜 성장은 '원함'에서 비롯된다.

억지로 하는 일은 기술은 늘 수 있어도, 마음은 자라지 않는다. 스스로 정한 목표는 성취와 함께 자기 효능감과 자존감도 함께 성장시킨다. 내 안에서 진정으로 원하는 목표가 무엇인지 알기 위해서는 끊임없이 자신에게 질문해야 한다.

코칭 프레임워크

자신이 원하는 목표를 찾는 질문

초등학생용: "나는 뭘 좋아할까?"

1) 내가 제일 재미있게 놀았던 때는 언제였을까?

2) 친구들이 '너는 이걸 잘해!'라고 말해준 게 있다면?

3) 내가 좋아하는 책, 유튜브, 게임은?

4) 오늘 하루 중에 가장 즐거웠던 순간은?

5) 커서 무엇이 되고 싶은지 생각해 본 적 있는가?

→ 내가 찾은 나만의 목표: _____

중학생용: "나만의 목표, 어떻게 찾을 수 있을까?"

1) 요즘 가장 자주 생각나는 일이 무엇일까?

2) 시간이 있으면 나도 꼭 해보고 싶은 활동은?

3) 내가 잘한다고 느끼는 것 세 가지는?

4) 내가 좋아하는 사람의 직업이나 삶은 어떤 모습인가?

5) 이뤘을 때 뿌듯하고 자랑스러울 것 같은 일이 있다면?

→ 내가 찾은 나만의 목표: _____

고등학생용: "진짜 원하는 목표를 찾는 자기 질문"

1) 내가 스스로 시간을 들여 몰입했던 경험은?

2) 남들이 뭐라고 해도 꼭 해보고 싶은 일은?

3) 지금 나를 자꾸 끌어당기는 관심 분야는?

4) 내가 존경하는 인물은 누구이며, 왜 그런가?

5) 실패하더라도 후회하지 않을 일은 무엇인가?

6) 지금 이 목표가 '진짜 내 것'인지 아닌지 구별하는 기준은?

7) 10년 뒤 내가 정말 좋아할 모습은 어떤 모습일까?

→ 내가 찾은 나만의 목표: _____

코칭 프레임워크

목표를 세우는 기술 – 막연함을 구체화하는 힘, SMART 기법 활용하기

S(Specific) 구체적인가?

"간호학과에 가기 위해 생명과학 성적 올리기"

M(Measurable) 측정 가능한가?

"이번 시험에서 생명과학 90점 이상 받기"

A(Achievable) 실현 가능한가?

"화요일, 목요일 2시간 생명과학 공부하기"

R(Relevant) 나의 목표와 관련이 있는가?

"간호학과 진학에 필요한 과목 중심으로 계획하기"

T(Time-bound) 기한이 정해져 있는가?

"이번 중간고사(5월 20일) 전까지 목표 달성하기"

SMART 목표 설정법은 막연한 목표를 구체화하고 실현 가능하도록 돕는다.

1) 학습 목표 예시 (학생용)

목표: 영어 단어 암기

Specific: 영어 단어 300개 암기하기

Measurable: 하루 15개씩 외우고 테스트 보기

Achievable: 하루 30분 투자 가능

Relevant: 영어 성적 향상이 필요함

Time-bound: 3주 안에 완료

→ SMART 목표 문장:

"3주 동안 하루 15개씩 영어 단어를 외워 총 300개를 암기한다."

2) 진로 목표 예시 (고등학생 또는 대학생)

목표: 간호학과 진학을 위한 준비

Specific: 간호학과 입시를 위한 면접 대비

Measurable: 일주일에 두 번 실전 모의 면접

Achievable: 평일 저녁 시간 활용

Relevant: 간호사가 되고 싶은 진로와 일치

Time-bound: 면접일까지 2개월 동안 지속

→ SMART 목표 문장:

"간호학과 면접일까지 주 2회 모의 면접 연습을 8주 동안 진행한다."

3) 생활 습관 개선 목표 예시 (모든 연령)

목표: 수면 습관 개선

Specific: 밤 11시 전에 잠들기

Measurable: 7일 중 5일 이상 성공 여부 기록

Achievable: 스마트폰 사용 시간 조절로 가능

Relevant: 수면 부족으로 피로감 호소 중

Time-bound: 1개월간 실천

→ **SMART 목표 문장:**

"하루 평균 7시간 수면을 위해 1개월 동안 밤 11시 이전에 잠자리에 든다."

4) 부모 코칭 목표 예시 (학부모용)

목표: 자녀와의 대화 늘리기

Specific: 매일 자녀와 10분 대화하기

Measurable: 대화한 날짜를 달력에 표시

Achievable: 저녁 식사 후 시간 확보 가능

Relevant: 자녀의 정서 발달 지원 목적

Time-bound: 4주간 실천

→ **SMART 목표 문장:**

"4주 동안 매일 저녁 식사 후 자녀와 10분간 대화를 나눈다."

이렇게 SMART 기법을 활용하여 목표를 설정한다면 목표가 보다 분명해지고 정확해진다. 그리고 성과를 눈으로 확인해 볼 수 있으며, 과도한 부담 없이 실현 가능하도록 도와준다. 또한 내 삶과 연결된 목표이므로 나의 꿈, 관심, 진로와 연결되어 동기부여가 오래간다.

기한이 없는 목표는 미루기 쉽지만 기한이 정해져 있으므로 시간 의식을 갖고 실천력을 높이는 데 결정적인 역할을 해 준다.

③
오늘의 계획이 내일의 기적을 만든다

우선순위를 다시 묻다
– 시간의 매트릭스로 삶을 정리하는 법

중동 지역에서 유래된 전통 우화 중 '낙타의 코' 이야기가 있다.
어느 날, 추운 사막의 밤이었다. 주인은 텐트 안에서 따뜻하게 자고 있었고, 그의 낙타는 텐트 밖에 묶여 있었다. 매서운 바람이 불자 낙타는 조심스럽게 말한다.

"주인님, 제 코만이라도 텐트 안에 들이면 안 될까요? 너무 춥습니다."

주인은 불쌍한 낙타를 보고 코만 들이는 것을 허락한다. 잠시 후, 낙타가 다시 부탁한다.
"주인님, 코가 따뜻해지니 이제 목이 너무 춥네요. 목만 안에 넣겠습니다."

주인은 '목만이니까.'라고 생각하고 허락한다. 그 후 낙타는 앞발, 몸통, 뒷다리까지 하나씩 조금씩 들이밀더니 결국 텐트 안은 낙타에게 완전히 점령당하고, 주인은 밖으로 쫓겨난다.

사소한 것을 허용하다가 주객이 전도되는 웃픈 이야기이다. 우리는 사소해 보이는 작은 부탁을 쉽게 허용한다.
"핸드폰 5분만 보는 건데 뭐 어때?"
"아~ 계획표 짜는 것 너무 귀찮아. 일단 공부부터 시작하지 뭐."
"아 맞다! 아까 수진이한테 전화 왔었지. 잠깐 통화부터 해야지."

사소한 것을 허용하다 결국 큰 것을 잃는다

이러한 사소한 허용은 가장 중요한 것(자기 자리, 자기 시간, 자기 목표)을 잃게 만든다.
이런 순간들 역시 작은 '낙타의 코'일 수 있다.

"시간이 부족해요."

많은 학생들이 입을 모아 말한다. 공부도 해야 하고, 과제도 쌓였고, 동아리 발표 준비에 자신의 미래에 대한 고민까지 해야 하니 늘 바쁘고 시간이 부족하다고 말이다. 그렇지만 어느새 핸드폰을 보고, 친구들과 대화하는 데는 시간을 허용하는 것을 보면 정말 부족한 것은 시간이 아니라 '우선순위'

일지도 모른다.

학창 시절 아주 유행했던 '우선순위 영단어집'이 문득 떠올랐다. 이 단어집만 외우면 단어를 모두 다 씹어먹을 수 있을 것 같았다. 누군가 내 인생의 우선순위를 이렇게 일목요연하게 정리를 해 준다면 얼마나 좋을까? 하지만 그런 일은 불가능하다. 우리 인생은 우리가 주인이기 때문에 우선순위는 저마다 다르다.

학생들이 학습 계획을 세우고도 쉽게 무너지는 이유 중 하나는, 해야 할 모든 것을 중요하게 여기기 때문이다. 모든 시험에서 좋은 점수를 받고 싶고, 완벽하기를 바라지만 그 모든 것을 잘 해낼 수는 없다. 그래서 필요한 것이 우선순위이다.

앞서 언급되었던 스티븐 코비 박사의 『성공하는 사람들의 7가지 습관』에서 그는 제3의 습관으로 "소중한 것을 먼저 하라(Put First Things First)"라고 말했다.

코비 박사는 일과 삶의 모든 활동을 다음과 같이 '긴급도'와 중요도'를 기준으로 네 가지로 나누었다. 이 기법을 시간의 매트릭스 기법이라고 부른다.

1) 긴급하고 중요한 일: 마감이 임박한 과제나 급한 시험 준비 등의 일을 말한다.
2) 긴급하지 않지만 중요한 일: 장기적인 진로 탐색, 꾸준한 개념 공부, 독서 등이 해당된다.
3) 긴급하지만 중요하지 않은 일: 친구의 갑작스러운 부탁, 단체 채팅 대응
4) 긴급하지도, 중요하지도 않은 일: 무의식적인 눈, 유튜브 과몰입

1사분면: 긴급하고 중요한 일	2사분면: 긴급하지 않지만 중요한 일
마감, 응급상황, 오늘 마감 과제, 갑작스러운 시험, 약속 시간 지각	계획, 성장, 예방, 관계 중심 활동 공부 계획 세우기, 운동, 독서, 관계 관리, 진로 탐색
3사분면: 긴급하지만 중요하지 않은 일	4사분면: 긴급하지도, 중요하지도 않은 일
방해 요소, 다른 사람 요청, 불필요한 회의, 갑작스러운 부탁, 단체 채팅	시간 낭비 활동 무의미한 웹서핑, 넷플릭스 정주행, SNS 중독

많은 학생들이 1번 영역(긴급하고 중요한 일)에 몰두하느라 진이 빠지고, 3, 4번 영역으로 도망치듯 시간을 흘려보낸다. 하지만 그는 우선순위의 핵심을 단순히 '바쁜 일 처리'가 아닌, "가장 중요하지만 긴급하지 않은 일"을 먼저 실천하는 것이라 강조했다. "진정한 자기 관리는 2사분면에 있다."

학습 계획을 세우는 일은 긴급해 보이지 않지만, 진짜 성장을 이루기 위해서는 꼭 필요한 일이다. 대부분 사람은 1사분면(긴급한 일)과 3사분면(급해 보이는 일)에 시달린다. 내일까지 해야 하는 숙제, 갑작스러운 부탁을 들어주느라 분주하다. 긴급해지기 전에 미루지 말고 진짜 해야 할 일들을 해낼 수 있도록 우선순위를 정하고 실천하는 것이 중요하다.

예를 들어보면,
- '시험 전날 벼락치기' → 1사분면 (이미 늦어서 긴급하게 처리해야 함)
- '하루 30분씩 누적 공부' → 2사분면 (큰 위기 없이도 장기 성과 가능)
- '친구의 갑작스러운 부탁으로 계획 변경' → 3사분면 (긴급해 보여도 내

게 중요한 건 아님)
- 'SNS에서 한 시간 보내기' → 4사분면 (스트레스 해소 이상 의미 없음)

따라서 우리는 매일 스스로에게 질문해야 한다.
"이 일은 정말 중요한가?"
"중요하지만 미루고 있는 일은?"
결국 목표로 가는 지름길은 '2사분면'으로 긴급해 보이지 않아도 너무 중요한 계획 세우기, 체력을 위한 운동, 독서 등에 있다.

지금 우선순위에 따른 계획표를 작성해 보자. A4용지 한 장이면 충분하다. 내가 이번 주에 해야 할 일들을 쭉 써보고 몇 사분면에 해당하는지 적어보면서 분류를 해보는 작업을 하면 된다.

07:00 기상
08:00~15:30 학교 수업 (고정시간)
16:00~18:00 학원 (고정시간)
18:30~19:30 저녁 식사 및 휴식
20:00~22:00 자기 공부 시간 (가용시간)
22:00~23:30 스마트폰/유튜브 (낭비 시간)
24:00 취침

계획을 하지 않으면 시간을 함부로 쓸 수 있다. 긴급한 일에 끌려다니기 전에 먼저 시간을 계획하자!

내가 진짜 이용할 수 있는 시간은?

중학교 2학년 지훈이는 정말 열심히 공부를 하는데 늘 성적이 오르지 않는 것에 대해 고민이 많은 친구였다. 지훈이가 시간을 효율적으로 사용하고 있는지 먼저 살펴보기로 했다.

07:00 기상
08:00~15:30 학교 수업 (고정시간)
16:00~18:00 학원 (고정시간)
18:30~19:30 저녁 식사 및 휴식
20:00~22:00 자기 공부 시간 (가용시간)
22:00~23:30 스마트폰/유튜브 (낭비 시간)
24:00 취침

지훈이의 말대로 공부를 안 한 것이 아니다. 하지만 자기 공부 시간 2시간에서 진짜로 집중한 시간은 1시간 남짓이었다. 지훈이가 낭비한 시간은 1시간 반이다. 작은 시간 같지만 일주일을 계산해 보면 10시간이 넘는 시간이다. 물론 낭비된 시간 모두를 공부 시간으로 바꿀 수는 없지만, 30분이라도 바꾼다면 하루 가용시간이 2시간 30분으로 늘어난다.

많은 학생들이 공부를 계획할 때 자신이 실제로 사용할 수 있는 시간을 생각해 보지 않고 계획을 세운다. 시간을 정말 잘 활용하고 싶다면 먼저 시간을 나누는 작업부터 하는 것이 좋다. 시간이 없다는 말은 결국 시간을 제대로 확보해 놓지 않았다는 말이기도 하다.

- **1) 고정 시간:** 학교 수업, 식사, 학원, 수면 등의 이미 정해진 일들, 반드시 해야 하고 바꿀 수 없는 시간
- **2) 가용 시간:** 자습 시간, 주말 등의 내가 선택하고 바꿀 수 있는 시간
- **3) 낭비 시간:** SNS나 유튜브 하나를 보려다가 10개를 연달아 보는 시간, 멍때리며 보내는 시간, 무의식적으로 흘려보내 낭비되는 시간
- **4) 골든 타임:** 집중력과 에너지가 가장 높은 황금 시간대. (이 시간에 핵심 공부를 배치해야 한다.)

고정 시간은 말 그대로 고정되어 우리가 함부로 바꿀 수 없는 시간이다. 그러므로 시간을 계획할 때 가장 먼저 계획표에 넣어야 한다.

가용 시간은 내가 자유롭게 쓸 수 있다. 계획하기에 따라 공부, 휴식, 운동 등으로 다양하게 이용될 수 있다. 중요한 공부는 바로 이 가용 시간을 이용해야 한다. 이 시간 중에 비교적 졸리지 않고 유혹이 적으며 집중이 잘되는 골든 타임이 언제인지를 파악하여, 목표를 이루기 위한 공부 계획을 잘 짠다면 효과적으로 시간을 관리할 수 있다. 가용 시간의 평균 20% 정도를

목표 달성을 위해 써 보면 효과적이다. 이는 연령별로 조금 달라질 수 있는데 초등학생은 15%, 고등학생은 25%로 짜보면 좋다. 가용 시간을 모두 공부하는 시간으로 쓸 수는 없다.

유동 시간은 이동 시간, 쉬는 시간 등 주로 자투리 시간을 의미한다. 짧고 불규칙적이기는 하지만 이 시간을 가용 시간으로 바꾸어 이동하면서 영어 듣기를 한다거나 영어 단어를 외우는 데 쓰면 유리하다. 잘 활용하면 운동 시간으로 활용할 수도 있다. 하루 쉬는 시간 10분씩 세 번, 이동 시간 3분을 가용시간으로 바꾸면 하루 1시간 일주일이면 7시간, 한 달이면 30시간 정도 학습 시간으로 바꿀 수 있으니 이 또한 정말 소중한 시간이다.

낭비 시간은 말 그대로 휴대폰, 친구들과의 의미 없는 수다 등으로 낭비되는 시간이다. 시간을 기록할 때, 얼마나 낭비하고 있는지 자각하며 이 시간들을 가용 시간으로 바꾸어 나가는 것이 중요하다.

하루 계획에 적용하는 예시

시간대	활동	시간 종류	관리 전략 예시
07:00~08:00	등교 준비	고정 시간	아침 루틴 만들기
08:00~15:00	학교 수업	고정 시간	필기 및 오답 확인
15:00~18:00	학원 수업	고정 시간	오답 정리
18:00~19:00	식사 및 휴식	고정 시간	조건부 보상형 휴식
19:00~22:00	숙제 및 학습 시간	가용 시간	복습 및 과제
22:00~07:00	수면	고정 시간	컨디션 회복

결국, 하루는 24시간이 아니라, 내가 제대로 살아낸 몇 시간이다. 오늘 나의 진짜 시간은 몇 시간이었을까? 스스로에게 물어보자. 이제 더 이상 시간에 끌려다니는 내가 아닌 시간을 지배하는 자로 바뀌게 될 것이다.

코칭 프레임워크

시간을 다루는 세 가지 기술
- 주간 계획표 제대로 짜는 법

앞서 우리는 우선순위 매트릭스를 통해 우선순위에 따른 시간을 정하는 법을 배웠다. 또한 우리가 하루 공부할 수 있는 시간이 얼마나 있는지도 알게 되었다. 그렇다면 이제 무엇을 해야 할까? 우리는 모두 똑같이 하루하루를 살아가지만, 하루를 결정짓는 것은 한 주의 구조다. 나의 한 주의 방향을 잡는 '시간의 지도', 바로 '주간 계획표'를 짜야 한다.

매일매일 계획을 세우는 것도 중요하지만 먼저 나의 목표를 향한 방향을 잡아가기 위해 반드시 '주간 계획표'부터 짜야 한다. "이번 주는 진짜 잘해보자!"라는 다짐보다 먼저 '방향'을 잡는 것이 먼저임을 명심하자.

주간 계획표의 장점

1. 시간을 한눈에 조망할 수 있다.

전체 흐름을 알 수 있기 때문에 미리 준비할 수 있다. 예를 들어 수요일이 과제 마감이면, 월요일과 화요일에 미리 조금씩 나눠 놓을 수 있기 때문에 긴급하게 일을 처리하지 않도록 돕는 역할을 해 준다.

2. 미루는 습관을 줄일 수 있다.

해야 할 일을 미루는 첫 번째 이유는 '막연함' 때문이다. 언제 할지 몰라 미루던 일을 화요일 저녁 8시로 미리 정해 버리면 미루는 습관을 조금씩 줄여 나갈 수 있다.

3. 시간 낭비를 줄일 수 있다.

계획이 없으면 시간들이 틈 사이로 마구마구 빠져나간다. 계획표는 낭비되는 나의 시간을 찾아준다.

4. 우선순위가 보인다.

미리 주간에 해야 할 일들을 정리하다 보면 우선순위가 보인다. '이번 주는 수행평가 준비가 먼저다!', '이번 주 수요일에 단어 시험이 있다.' 미리 적어 보면 먼저 해야 할 일들이 보인다.

5. 성취감이 커진다.

작은 계획들을 이루어 냈을 때 느끼는 성취감이 쌓이면 더 큰 일들도 해낼 수 있다.

고등학교 2학년 때부터 코칭을 시작해 고등학교 3학년까지 이어갔던 한 친구는 변화와 성장에 있어 '주간 계획표'가 핵심이었다고 말했다. 일요일 밤 잠들기 전 30분 한 주의 계획들을 짜면서 매번 주간 계획표를 인증해 주었다. 처음에는 습관 잡기가 힘들었지만 나중에는 달성률이 90% 정도로 올라갔다고 말했다.

세 가지 방식의 주간 계획표

1. 시간 블록(Time Blocking) 방식 – 시간에 이름을 붙이는 기술

시간 블록은 하루 또는 한 주를 시간 단위로 쪼개고, 각 시간에 어떤 일을 할지 미리 정해 두는 방식이다.

예시)

오후 8시~9시: 학원 숙제

오후 9시~10시: 수학 문제 풀고 오답 노트

오후 10~10시 30분: 휴식 시간

이렇게 시간마다 할 일을 정해 두면 집중력과 몰입도가 높아진다. 마치 시간이라는 방 안에 공부라는 사람을 미리 초대해 놓는 셈이다.

시간 블록 방식으로 시간을 계획하면 방황할 틈이 줄어들고 좀 더 체계적으로 시간을 계획할 수 있다. 또한 휴식 시간도 미리 계획 할 수 있다. 반면 갑작스러운 일이나 피로감에 취약하고 유연성이 떨어질 수 있다.

▶ 추천 대상: 루틴이 필요한 사람, 계획된 시간에 따라 움직이기를 좋아하는 사람

주간 계획표

시간	월요일	화요일	수요일	목요일	금요일	토요일	일요일
06:30							
07:00							
08:30							
09:30							
10:00							
11:00							
12:00							
13:00							
14:00							
15:00							
16:00							
17:00							
18:00							
19:00							
20:00							
21:00							
22:00							
23:00							
24:00							

2. To do 리스트 방식 – 해야 할 일의 시각화

투두 리스트(To do list) 방식의 주간 계획표는 할 일을 리스트로 나열하고, 완료하면 체크하는 가장 직관적인 방법이다.

예시)

- 과학 숙제 제출
- 영어 단어 서른 개 외우기
- 친구 생일 선물 사기

위와 같이 오늘 하루 할 목록을 일주일 단위로 나열하듯 적어 놓는다. 리스트를 체크할 때마다 느끼는 성취감이 있다. 학생들 중에는 오늘 목표를 완료해 한 줄로 쭉 그을 때, 왠지 모를 쾌감을 느끼는 친구도 있었고, 여학생의 경우 예쁜 도장을 찍으며 성취감을 느끼는 친구도 있었다. 『보물 지도』라는 책으로 유명한 일본 작가 모치즈키 도시타카의 『시간 지도』에서는 사람이 한 번에 처리할 수 있는 자극은 최대 4개 정도이며 이것 이상이 되면 뇌도 부담을 느낀다고 언급한 바 있다. 너무 과도한 계획보다는 정말 중요한 4개 정도의 리스트를 작성하는 것도 좋은 방법일 듯 하다. 이를 위해 우리는 스스로 "이 일이 정말 중요한가?", "내게 불필요한 계획은 아닌가?" 스스로에게 질문을 던지며 효율적인 계획을 짜보면 좋을 것 같다. 투두 리스트 방식은 쉽고 빠르게 작성이 가능하다. 그리고 내가 끝마친 일들을 한눈에 볼 수 있다는 장점을 가지고 있다. 반면 우선순위 없이 나열하였기 때문에 중요한 일이 밀릴 수 있다. 그리고 일정 시간 안에 끝내지 못했을 경우 좌절할 수 있다.

▶ 추천 대상: 기억할 일이 많을 때, 간단하고 즉각적인 계획이 필요할 때, 할 일을 시각화하고 싶을 때

weekday to-do list

Monday	Tuesday	Wednesday
Thursday	Friday	Saturday
		Sunday

3. 우선순위 방식 – '가장 중요한 것'부터

우선순위 방식은 할 일의 중요도와 긴급도를 기준으로 정리하는 방식이다. 이전에 언급했던 스티븐 코비의 시간 관리 매트릭스를 응용해 가장 가치 있는 일부터 집중한다. 학생들의 경우 오늘 해결해야 할 과제의 중요도와 긴급도를 판단하고 번호를 매긴 순서대로 일을 해결하면 중요한 일을 해결할 수 있다. 우선순위 방식은 진짜 중요한 일에 시간을 잘 쓸 수 있고, 장기 목표에 도움이 되는 반면, 중요도와 긴급도에 따른 우선순위를 정하는 데 시간이 걸리는 단점이 있다.

▶ 추천 대상: 해야할 일이 너무 많을 때, 우선순위가 헷갈릴 때, 중요한 일부터 해결하고 싶을 때

월 일						
우선순위	학습내용	학습 시각		예상 소요 시간	실제 소요 시간	실천도
나에게 해주고 싶은 긍정의 말						
1						⊕
2						⊕
3						⊕
4						⊕
5						⊕
6						⊕
7						⊕
8						⊕
총 학습 시간						
평가						

저마다 자신에게 맞는 주간 계획표가 있을 것이다. 단순히 시간을 채우는 것이 아닌 시간을 '살아내는 기술'이 주간 계획표를 쓰는 것에서부터 시작된다. 물론 계획표를 쓰고 행동으로 이어가지 않는다면 무용지물이 되겠지만, 방향 설정을 하지 않고 하루하루를 살아가는 것보다 훨씬 효율적인 하루를 살아내도록 도움을 줄 것이다.

4

작심삼일을 지속으로 바꾸는 공부 시스템

왜 다이어리는 1월에만 빼곡히 채워지고, 수학 문제집은 첫 장만 까맣게 쓰이는 걸까? 해마다 1월이면 문구점은 사람들로 북적인다. 고급스러운 다이어리, 알록달록한 형광펜, 예쁜 스티커와 볼펜들. '올해는 꼭 계획적으로 살아야지.' 다짐하며 사람들은 새해의 기대와 희망을 품는다.

그 다이어리는 1월 1일에 유난히 반짝인다. '아침 6시 기상', '영어 단어 100개 외우기', '하루 3시간 공부' 첫날 페이지는 꿈과 다짐으로 가득하다. 하지만 며칠이 지나면, 다이어리는 점점 비워지고, 뜨문뜨문 몇 자 적히다가 7월쯤 되면 책상 서랍 어딘가에 조용히 묻혀 있다.

수학 문제집도 마찬가지다. 부푼 마음을 안고 '이번엔 꼭 수학을 정복하리라!'며 한 권 당차게 골랐다. 첫 번째 장은 새까맣게 풀려 있다. 연필 자국이 진지하고 힘차다. 하지만 두 번째 장부터는 연필 선이 점점 옅어지고, 세 번째 장은 구겨져 있고, 네 번째 장은 하얗다.

사람들은 말한다.

"나는 역시 꾸준하지 못해."

"내 의지는 약한가 봐."

하지만 그건 단지 너무 완벽하게 시작하려 했기 때문이다. 너무 많이, 너무 갑자기, 너무 높게 다짐했기 때문이다. 1월 1일에 세운 다짐은 종종 현실보다 이상에 가깝다. 그래서 금세 무너진다. 그리고 그 무너짐이 우리를 다시 시도하지 못하게 만든다.

그러나 진짜 변화는 '작고 느리게' 온다. 그 변화를 느끼기 위해 우리는 끊임없이 좌절하는 마음을 다잡고 일어서야 한다. 다이어리가 매일 쓰이지 않아도 괜찮다. 수학 문제집을 하루에 한 문제만 풀어도 괜찮다. 중요한 건 계속 다시 펼치는 용기다. 처음은 누구나 열정적이지만, 다시 시작할 줄 아는 사람이 끝까지 간다.

"다이어리의 빈칸은 실패가 아니라, 다시 적을 수 있는 여백이다. 정석 문제집의 하얀 페이지는 포기한 흔적이 아니라, 지금부터 다시 채워도 된다는 가능성이다."

멋진 시작보다 중요한 것?
다시 시작하는 용기

진짜 변화는 1월 1일의 결심이 아니라, 1월 4일에 다시 펼치는 그 한 걸음의 변화에서 시작된다. 작심삼일이면 어떤가? 4일 째 다시 작심하고 일어서면 되는 것이다. 계속 다시 시작할 수 있는 기회를 가져보는 것이 중요하다.

"다짐보다 중요한 건 실행이고, 열정보다 강한 건 반복이다."

1단계: 시작 루틴 만들기 – 작게 시작하면 계속하게 된다.

"오늘은 기필코 3시간 공부하리라!" 결심하기 무섭게 10분이 지나면 나가떨어진다. 그러고는

"역시 난 공부랑은 안 어울려. 유튜브로 머리 좀 식힐까?" 그러다가 침대 위로 직행, 공부는 10분이 어려운데 침대 위에서의 유튜브. SNS 하는 시간은 왜 이리 빨리 지나가는지….

너무 큰 목표는 뇌에게 부담을 준다. 하루 10분도 공부에 집중을 못 했던 아이에게 3시간이라는 큰 목표를 이루는 것은 너무 힘든 일이다. '5분 공부하기'라는 목표는 어떤가? 아이들에게는 너무 쉬운 목표처럼 느껴질 것이다. '하루 5분간 영어 단어 외우기'는 뇌가 받아들이기 너무 좋은 목표이다. 아무리 하기 싫은 날도 '5분 공부법'은 지키기로 다짐해 본다면 이것은 작심삼일을 넘길 수 있을 것이다. 5분을 공부했던 아이는 어느새 10분을 공부할

수 있는 아이로 바뀐다. 중요한 것은 지속하는 것이다. 가장 어려운 것은 사실 어려운 개념을 공부하는 것이 아니다. 책상 앞에 앉는 것이다. 5분을 공부해서 무슨 도움이 되겠냐고 말할 수 있지만, 5분을 책상 앞에 앉아 있었던 아이는 공부의 시작이라는 행동을 변화시키고 있는 것이다. 마치 게임의 튜토리얼처럼 가볍게 시작했는데 공부하는 아이로 바뀐다.

뇌는 반복되는 행동에 회로를 만든다. 나의 올해의 목표는 '일본어 공부, 피아노 배우기, 줌바 댄스 배우기'였다. 사실 내 삶의 큰 변화를 가져다준다거나 세 가지의 목표로 무엇을 이루기 위함은 아니었다. 일본어는 매주 수요일 딱 25분만 일본어 선생님께 수업을 듣는다. 피아노는 성인 피아노 학원이 생겨서 주 2회 25분씩 레슨을 받는다. 줌바 댄스는 월요일~목요일까지 오전에 50분간 수업에 참여한다. 가끔 힘들면 건너뛰는 날도 있지만 계속 지속하고 있는 이유는 뇌의 회로를 만들기 위해서였다. 매일 같은 시간, 같은 행동을 반복하면 '이 시간엔 공부해야지.' 하는 습관 신호가 생긴다. 신경 과학적으로도, 이런 반복은 신경 가소성(neuroplasticity)을 일으켜 집중력을 유지하는 뇌 구조를 강화한다. 뇌의 시냅스는 뇌가 연결되고 성장하는 지점이다. 사람과 사람이 관계를 맺듯, 뉴런과 뉴런도 시냅스를 통해 만난다. 처음에는 어색할 수 있지만, 반복할수록 서로가 익숙해지는 것처럼 이 지점에서 우리가 생각하고, 배우고, 기억하고, 느끼는 모든 뇌 활동이 이루어진다.

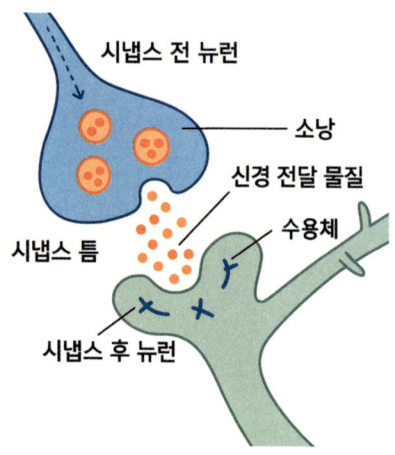

그러나 쓰지 않는 시냅스는 점점 약해지거나 사라진다. 이 과정은 '시냅스 가지치기'라고 하는데 이는 뇌가 성장하면서 잘 사용하지 않는 시냅스 연결을 정리하고 제거하는 과정을 말한다. 초등학생 때 외운 영어 단어도, 오래 쓰지 않으면 까먹는 이유가 바로 이 '가지치기' 때문이다. 이처럼 시냅스가 잘 유지되려면 5분이라도 공부를 계속 유지해 주는 것이 효과적이다.

뇌는 살아있는 정원이다. 방치되면 바로 가지치기가 들어간다. "잊었다"라는 건, 그 시냅스가 잠든 것이고, "기억난다"라는 건, 그 가지에 다시 햇빛이 비친 것이다. 일단 5분이라도 공부를 시작해 보자!

2단계: 공부 습관 형성하기 - 반복 강화+뇌 회로 활성화가 핵심이다.

앞서 언급했듯이 새로운 것을 배울 때마다 시냅스 사이에 작은 불꽃이 튄다. 마치 우리 반에 전학 온 새로운 친구를 아이들이 신기해하고 조금 어색해하는 것처럼 말이다. 그런데 자꾸 보다 보면 어느새 그 전학생은 우리 반의 일원이 되어있다. 갑자기 공부를 시작한 친구의 뇌 안에서도 처음에는 어색한 반응이었다가 점차 공부를 반복해서 하면 뉴런은 그 연결을 강화하고, 더 빠르게 반응하기 시작한다. 이렇게 반복은 뇌 안에 길을 만든다. 매일 같은 시간에 단어를 외우고, 같은 장소에서 책을 펼치면 뇌는 그 루틴을 학습한다. 그리고 어느 순간, '공부가 익숙해졌다'고 느끼게 된다.

습관은 '의지'가 아니라 '회로'인 것이다. 물론 이 회로가 잘 창작하기 위해서는 여러 전략들도 필요하다. 먼저 시각화를 위해 습관 추적 표를 만드는 것을 추천한다. 눈으로 보는 성취는 도파민을 자극해 주고 다시 시작하게 만드는 효과가 있다. 습관 달력, 엑셀, 스티커 판 등 내가 공부한 날을 체크할 수 있도록 하자. 그리고 습관을 잘 유지해 나가기 위해 나만의 보상 시스템을 만드는 것도 좋다. 5일 연속 공부 성공 시 맛있는 간식 먹기, 일주일간 3시간 공부 달성 시 좋아하는 영화 보러 가기 등의 보상 시스템은 공부 습관을 만들 때 큰 힘이 될 것이다.

"실력은 학(學)이 아닌 습(習)에서 늘어난다!"

3단계: 공부 시스템 구축하기 – 고민 없이 바로 실행하는 틀을 마련하라.

미국의 의사 맥스웰 몰츠는 저서 『성공의 법칙』에서 '21일의 법칙'을 소개했다. 새로운 습관을 만들려면 최소 21일은 반복해야 한다는 것이다. '21일'은 단순한 숫자가 아니라, 우리의 생각과 고정관념을 담당하는 대뇌변연계를 거쳐 습관을 관장하는 뇌간까지 신호가 도달하는 데 필요한 최소한의 시간이다.

즉, 어떤 행동이 습관으로 굳어지려면 최소 21일이 필요하다. 21일을 채우면 66일, 100일로 이어지고, 어느 순간 공부는 의식적인 노력이 아니라 자동적으로 작동하는 습관 회로로 자리 잡는다.

우리가 무심코 밥을 먹고, 자전거를 타고, 운전을 하며 목적지에 도착할 수 있는 것도 바로 이 때문이다. 습관이란 자동화된 행동이기에 대뇌피질의 복잡한 의식적 판단을 거치지 않고, 뇌의 가장 깊은 곳에 있는 기저핵(basal ganglia)에서 무의식적으로 처리된다.

뇌가 이런 시스템을 활용하는 이유는 단순하다. 우리의 뇌는 끊임없이 '에너지 절약과 휴식'을 원하기 때문이다. 의식적으로 매번 '공부를 할까 말까' 고민하는 대신, 기저핵에 맡기면 뇌는 더 적은 에너지를 쓰면서도 꾸준히 공부를 이어갈 수 있다.

이제 뇌의 자동 조종 장치, 기저핵을 적극적으로 활용하자. 고민하지 않아도 저절로 실행되는 '공부 시스템'을 만들어야 한다. 그것이야말로 의지력에 의존하지 않고도 꾸준히 공부할 수 있는 가장 강력한 방법이다.

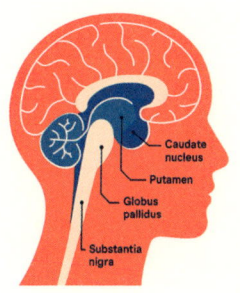

5

연료를 관리하는 아이는 멀리 간다

요즘 많은 사람들이 '미니멀 라이프'를 삶의 모토로 삼아 줄이고, 꼭 필요한 물건만 사면서 삶의 본질에 좀 더 집중하려고 노력한다. 미니멀 라이프의 의미는 무엇일까? 바로 '본질에 집중'이다. 집 안에 너무 많은 물건들이 쌓여 있으면 온전히 집중하지 못한다. 그러므로 이들은 "갖지 않는 것"이 아니라 "가진 것을 최대한 의미 있게 쓰는 것"에 초점을 두고 살아간다.

공부도 마찬가지이다. 더 많은 교재, 더 많은 시간, 더 많은 도구가 성적을 올려 주는 것은 아니다. 오히려 너무 많은 것들이 아이들을 방해하고, 행동을 시작하기 어렵게 만든다. 공부에서도 불필요한 것을 덜어내고 본질에 집중할 때 성과가 커진다.

한 권의 교재를 반복해서 끝까지 보는 것, 정리된 책상에서 공부하는 것, 꼭 필요한 시간에만 스마트폰을 쓰는 것, 이것이 공부에서의 미니멀 라이프다. 미니멀 라이프는 불필요한 선택을 줄여준다. 공부하러 가기까지 나를 방해하는 것들을 차단해 주고, 너무 많은 문제집에 분산될 나의 에너지를 한 곳으로 모아준다.

아이가 가진 네 가지 주요 연료들

1. 시간 연료

하루 24시간이라는 공평한 자원을 말한다. 아이들이 공부, 휴식, 수면을 어떻게 배분하는 지가 성패를 좌우한다.

2. 에너지 연료

체력과 정신력 즉, 공부를 지속할 수 있는 연료이다. 수면과 식사, 운동이 조화를 이룰 때 집중력과 실행력이 극대화된다.

3. 환경 연료

물리적 공간(조명, 책상, 교재)과 학습 도구를 말한다. 잘 정돈된 공간이 학습 의욕과 효율을 높인다.

4. 인적 연료

부모, 교사, 친구 등 사람이 주는 정서적 사회적 자원이다. 격려와 협력이 아이를 끝까지 버티게 하고, 친구와 경쟁이 실행력으로 끌어낸다. 특히, 가고자 하는 학교나 학과를 간 지인들이 있다면 동기 부여에 도움이 된다. 또 학습 시 모르는 문제가 나왔을 때 교사, 학원 선생님, 친구들을 적극적으로 활용해 문제의 해답을 찾아 나가는 것도 인적 연료를 잘 활용하고 있는 것이다.

아이가 학습에 열심히 임하지 못할 때, 무작정 '의지가 약하다'고 말하기보다 자원을 제대로 관리하지 못하고 있는 것은 아닌지 체크해 주는 부모가 더 현명할 것이다.

우리 아이들이 가지고 있는 연료가 혹 낭비되고 있지는 않은지도 체크해 봐야 한다. 이 네 가지 자원을 어떻게 다루느냐가 아이의 행동을 끝까지 밀어붙이는 힘을 결정한다.

인적 자원을 활용해 성취를 이뤄낸 소라

중2 소라는 자기주도 학습에 어려움을 겪고 있는 아이였다. 공부를 시작하려고 하면 옆 친구와 떠들고 싶어 했고, 그러다가 시간만 때우고 가는 경우가 많았다. 소라는 의지가 약하고 쉽게 주변 환경에 흔들리는 아이였다. 그래서 '짝 공부'를 추천해 주었다. 예를 들어 단어 30개를 외우는 데 옆 친구가 문제를 내주고 뜻을 말하고, 바꿔서 또 문제를 내주면서 혼자였으면 늘 미뤘을 공부를 친구와 함께해서 이루어 냈다. 결과적으로 성적도 오르고 공부 자신감을 얻게 되었다. 소라는 이렇게 친구라는 인적 자원을 잘 활용해 성취를 이루어 냈다.

시간 자원을 활용해 성취를 이루어 낸 민재

저녁 9시만 되면 잠이 쏟아지는 민재라는 친구가 있었다. 공부에 대한 성취욕은 커서 늘 공부할 시간이 부족한 것이 고민이라고 말을 해 왔다. 공부 패턴을 살펴보니 늘 12시까지 공부를 하려고 버티고 앉아 있었는데 공부에 집중하지 못했고 새벽 2시가 돼서야 수면을 취했다.

민재에게 밤공부는 독이었다. 민재에게 "더 오래 하는 것보다, 더 좋은 컨디션을 유지해 공부하는 것이 중요하다."라는 조언을 해주었다. 늘 10시면 눈이 감기는데 공부를 붙잡는다고 공부에 집중이 될 리는 만무했다. 생활 패턴을 바꾸는 것이 너무 중요하게 느껴졌다.

민재는 적어도 11시에 취침을 할 것을 다짐하고 아침 1시간 일찍 일어나서 공부를 한 뒤 학교에 가는 패턴을 일주일 동안 지속하게 했다.

결과는 놀라웠다. 공부가 잘되는 시간에만 집중했는데 영어 점수 15점이 오르는 성과를 만들어냈다. 성취를 만드는 것은 '늦게까지 버티는 힘'이 아니라 자신의 에너지를 지혜롭게 관리하는 힘이라는 것을 깨닫게 되는 순간이었다.

결국 자원관리가 곧 실행력 관리다. 실행력은 의지의 산물이 아니라, 자원이 모여 만들어낸 결과물이다. 시간, 에너지, 환경, 사람 이 네 가지 자원을 어떻게 다루느냐가 아이의 행동을 끝까지 밀어붙이는 힘을 결정한다.

(6장)

생각을 확장하는 배움의 힘
- 인지

"공부는 재능이 아니라 기술이다.
뇌를 이해하고 다루는 순간, 배움은 더 이상 힘든 일이 아니다."

1
머리에 오래 남는 공부의 비밀

아이들은 매번 말한다.
"선생님, 분명 어제 단어를 외웠는데, 지금 머릿속이 백지상태가 되었어요! 하나도 기억이 나지 않아요. 전 진짜 바보, 멍청이인가 봐요. 머리가 왜 이리 나쁜 걸까요?"

학부모님께서도 종종 하시는 말씀이 있다.
"우리 애는 공부해도 금방 잊어버려요. 머리가 안 좋은 건가요?"

나는 학습 코치로서 단호하게 말한다. 기억력은 머리의 문제가 아니라, 저장과 인출의 방식 문제이다. 기억은 단순히 외우는 일이 아니다. 정보를 받아들이고, 가공해서 필요할 때 꺼내 쓰는 일련의 인지 과정이다. 이 능력은 공부뿐 아니라 일상생활의 모든 활동과 연결돼 있다.

21세기, 우리는 왜 여전히 기억해야 하는가?

스마트폰 하나면 모든 정보가 손끝에 있다. 궁금한 것은 1초 만에 검색하면 된다. 그런 시대에 '왜 아직도 외워야 하냐?'는 질문은 아주 타당해 보인다. 하지만 역설적으로, 정보가 넘쳐나는 시대일수록 '기억'의 중요성은 더 커진다. 왜일까?

1. 기억은 사고력과 창의력의 재료다.

창의성은 하늘에서 뚝 떨어지지 않는다. 기존에 머릿속에 들어 있는 지식들, 기억된 것들을 조합하거나 새롭게 연결하면서 생겨난다. 즉, 창의성은 기억 위에 쌓인다. 아무것도 머릿속에 들어 있지 않다면 새로운 생각도 떠오르기 어렵다.

창의적 사고란 '머릿속 기억 창고'에 들어가 이것저것 꺼내 보고, 섞고, 비교하면서 이루어진다. 레오나르도 다빈치, 아인슈타인, 스티브 잡스 같은 인물들 역시 방대한 지식과 경험을 기억 속에 축적해 두고 거기서 창조적인 통찰을 만들어냈다.

2. 기억이 있어야 깊이 있는 사고가 가능하다.

인터넷으로 검색할 수 있는 지식은 많지만, 그 지식을 비판적으로 바라보고, 비교하고, 연결하는 힘은 오직 '기억된 지식'에서 나온다.

즉, 검색은 정보를 줄 수 있지만, 그 정보를 어떻게 사용할지는 기억된 틀과 맥락이 결정한다.

예를 들어, 환경 문제에 대해 글을 쓸 때 온실가스, 기후변화, 탄소중립 등의 개념이 머릿속에 없다면 검색해도 단편적인 문장만 나열할 뿐, 자기 생각이나 관점을 담기 어렵다.

결국 AI 시대의 진정한 경쟁력은 '빠르게 검색하는 능력'이 아니다. 내 안의 축적된 기억들을 서로 연결하고 창출하는 능력이다. AI가 제공하는 정보의 바다에서 진주를 골라내고, 그것들을 꿰어 나만의 목걸이를 만드는 힘, 이를 위해 기억된 지식은 너무나도 중요한 역할을 해 낸다.

3. 기억은 자동화를 만든다.

무엇이든 처음 배울 땐 정신 에너지를 많이 쓴다. 하지만 반복해서 기억하고 숙달되면 '자동화'가 된다. 자동화된 지식은 머릿속에 여유 공간을 만들어 준다. 이 여유가 바로 문제를 창의적으로 바라보고, 더 깊이 사고할 수 있는 기반이 된다.

예를 들어 수학 공식을 외우지 않고 매번 다시 검색하거나 유도해야 한다면, 그 문제를 응용하거나 창의적으로 해결할 수 있는 에너지가 남지 않는다.

결국, 기억은 단순한 저장 창고가 아니라, 생각과 창조를 위한 발판이다. 뇌 속에 확실히 자리 잡은 지식이 많을수록, 우리는 더 넓은 시야로 세상을 보고, 더 깊이 있는 해결책을 만들어 낼 수 있다.

4. 기억은 인간 고유의 사고 시스템이다.

AI는 많은 정보를 '저장'하고 '계산'할 수 있지만, 인간의 기억은 단순 저장이 아니다. 의미를 부여하고, 감정과 연결되고, 경험 속에서 맥락화된다. 이것이 바로 '지혜'로 가는 길이며, 기계가 할 수 없는 인간만의 능력이다.

21세기에도 우리는 여전히 기억해야 한다. 왜냐하면 기억은 창의성, 사고력, 문제해결력의 기반이기 때문이다. 기억 없이 창의력을 발휘하는 것은, 재료 없이 요리를 하겠다는 말과 같다.

기억의 3단계

1) 부호화: 우리가 보는 것, 듣는 것, 느끼는 것을 뇌가 정보로 바꾸는 과정
예시) 단어를 반복해서 들었을 때 그 소리를 머릿속에서 '뜻'과 연결하는 것
2) 저장: 부호화된 정보가 뇌에 저장되는 단계
예시) 단어를 반복해서 보면 머릿속에서 자리 잡게 되는 것
3) 인출: 저장된 정보를 다시 꺼내 쓰는 것
예시) 시험에서 단어의 뜻을 떠올리는 순간

기억은 이렇게 타고나는 것이 아니라 훈련에 의해 얼마든지 더 좋아질 수 있는 역량이다.

피아니스트는 어떻게 악보를 암보해서 연주할까?

학습 코치로서 '기억'에 대해 공부하다 보면, 나는 종종 딸을 떠올린다.

피아노 실기와 콩쿠르를 위해 늘 악보를 통째로 외워야 하는 아이. 그 모습을 보면서 가끔은 장난스럽게 묻곤 한다.

"아니, 이걸 어떻게 다 외운 거야? 엄마는 죽었다 깨어나도 못 외우겠다."

그러면 딸은 어깨를 으쓱하며 말한다.

"글쎄… 그냥 손이 기억해."

그 '그냥'이라는 말 뒤에 얼마나 많은 시간이 녹아 있는지 나는 잘 안다. 한 마디를 수십 번 반복하던 수많은 날들, 몇 초의 연결을 위해 손끝이 수없이 머뭇거리던 순간들, 그리고 불을 끄고 오직 손의 감각만으로 건반을 더듬던 밤들까지. 그렇게 쌓인 시간들이 결국 딸의 뇌와 손에 음악을 깊이 심어 놓았다.

보통 사람은 전화번호 하나도 잠깐 기억하다가 금세 잊어버린다. 하지만 음악을 하는 사람들은 수천 개의 음표, 수십 분짜리 곡의 구조, 강약과 속도, 심지어 곡 속의 감정까지도 마치 자기 이야기를 꺼내듯 자연스럽게 기억해 낸다.

피아니스트의 암보는 단순히 '외운다'는 차원을 넘어선다. 듣고, 보고, 느끼고, 움직이며, 여러 감각과 뇌의 기억 시스템이 동시에 작동하는 복합적인 과정이다. 청각 기억은 멜로디와 화성을 귀에 새기고, 시각 기억은 악보의 모양과 페이지를 그려낸다. 촉각 기억은 손가락의 움직임과 건반의 질감을 몸에 저장하며, 구조적 기억은 곡 전체의 흐름과 이야기를 머릿속에 그린다.

그래서 딸이 말하는 '그냥' 속에는 사실, 오랜 시간의 훈련과 반복이 만들어낸 정교한 기억의 네트워크가 숨어 있는 것이다.

기억 유형	설명	예시
운동 기억 (Procedural memory)	손가락의 움직임, 근육 감각에 의해 자동화된 움직임	"손이 저절로 움직여요!"
시각 기억 (Visual memory)	악보의 모양, 줄, 간격, 음표 배열 등 시각적 정보	"악보가 머릿속에 떠올라요!"
청각 기억 (Auditory memory)	소리를 듣고 다음 음을 예상하는 능력	"소리만 들어도 다음 진행을 알아요"
분석적 기억 (Analytical memory)	음악의 구조, 조성, 화성 진행 등을 논리적으로 이해	"여기선 딸림화음이 반복되니까 외우기 쉬워요"
감정 기억 (Emotional memory)	음악이 담고 있는 감정과 해석을 통한 암기 강화	"이 부분은 가장 애절해서 잊히지 않아요"

앞서 말했듯이 기억은 감각기억을 통해 단기 기억에서 장기 기억으로 이동한다. 장기 기억으로 잘 이동하기 위한 핵심은 반복과 연결이다. 인간은 망각의 동물이라고 하지 않았던가? 사람은 누구나 정보를 빠르게 잊어버린

다. 그러나 이렇게 쉽게 잊힐 정보들을 잡는 방법이 있다. 반복을 하는 것이다. 장시간 반복하기보다는 짧은 시간에 간격을 두고 반복할수록 기억이 단단해진다.

효과적인 반복 전략으로는 학습 후 10분 내 복습, 하루 후 복습, 일주일 후 복습, 시험 전 요약 복습이 있다. 그러나 반복만 하면 지루하다. 이를 위해 연결의 법칙을 써야 한다. 새로운 정보를 이야기, 이미지, 경험, 비유 등과 연결하면 더 오래 기억을 유지할 수 있게 된다. 영어 단어를 외울 때에도 사과를 'apple'로 단순 암기하는 것보다 사과 그림이나, 사과를 먹는 경험들과 연결하면 더 오래간다.

이렇게 기억은 '되새김질'과 '연결 짓기'에서 탄생한다.

코칭 프레임워크

옛날 옛날, 우리 뇌 속에 기억을 담당하는 3명의 형제가 살고 있었다. 이름하여 단기 기억, 작업 기억, 장기 기억! 이 셋은 공부를 돕는 '기억 나라'에서 아주 중요한 일을 맡고 있었다. 그런데 셋의 성격은 너무도 달랐다.

첫째인 단기 기억은 머릿속 '우체통' 같은 존재였다. 누군가가 정보를 던져 주면, 단기 기억력이 딱 20~30초 동안만 들고 있었다.

"야, 457이야! 빨리 써!"
"선생님이 방금 뭐라고 말씀하셨지? 어… 잊어버렸다!"

단기 기억은 보관만 하지 저장은 하지 않았다. 그래서 메모하지 않으면 금방 기억이 사라지고, 의미가 없으면 바로바로 버려 버렸다.

　작업 기억은 뇌 속의 '임시 작업대' 역할을 한다. 공부할 때는 이 작업 기억력이 가장 바쁘다. 단기 기억력이 "이 문제 계산 좀 해봐." 하고 넘기면, 작업 기억 형은 그걸 들고 계산하고, 판단하고, 비교하고 하느라 정신이 없다.
　수학 문제를 풀 때, 글을 읽고 앞뒤 문장을 연결할 때, 작업 기억력이 "잠깐 들고, 동시에 생각하는 능력"을 발휘한다. 한 가지 단점은 작업대가 너무 작다는 것이다. 한꺼번에 많은 정보를 올려놓으면, "아, 머리 아파~" 하고 멈춰 버린다.

　셋째는 장기 기억이다. 장기 기억은 뇌 속의 도서관 사서이다.
　"이건 중요한 거네? 잘 정리해서 영구 보관할게." 그래서 이 친구는 한 번 저장한 정보는 오래 간직한다. 하지만 장기 기억력에게 정보를 맡기려면 특별한 조건이 필요하다. 그 조건은 다음과 같다.

　　1) 의미가 있는 정보
　　2) 다른 지식과 연결된 정보
　　3) 자주 꺼내 본 정보(복습)
　　4) 질문하거나 설명해 본 정보

　그냥 한번 보고 지나간 건, "이건 맡을 가치가 없군요." 하며 기억에서 제거해 버린다.

"우리 아이는 공부한 걸 금방 잊어요."라는 말은 단기 기억력이 아직 장기 기억력에게 잘 전달하지 못한 상태일 수 있다.

그 사이에서 가장 바쁜 역할을 하는 것은 작업 기억력이다. 이제 공부를 할 때, 그냥 읽고 끝내기보다는 읽은 것을 정리하고, 설명해 보고, 반복한다면 의미 있는 정보로 인식되어 좀 더 오래 머릿속에 기억될 수 있다.

작업 기억력은 부호화를 정교하게 하고, 저장을 가능하게 하며, 인출을 유연하게 만드는 기억의 '컨트롤 타워'이다.

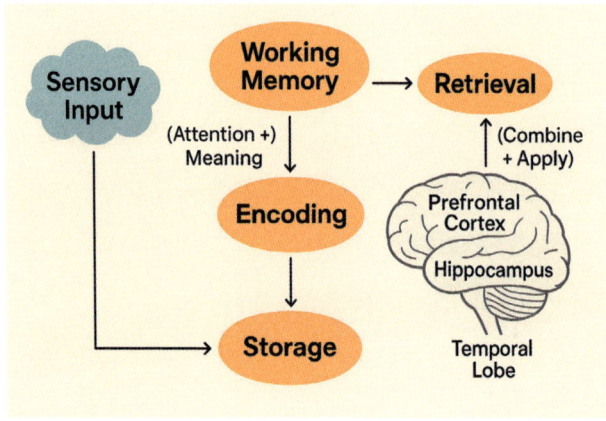

코칭 프레임워크

기억력 높이기 전략

학생들을 가르치면서 노트 필기를 열심히 하는데, 성적은 좋지 않은 한 친구가 있었다.

"선생님, 제 글씨 좀 보세요! 저 학교에서 진짜 열심히 노트 정리를 했어요." 해맑게 웃는 여학생의 노트를 보니 정말 글씨도 너무 깔끔하고 알록달록하게 잘 정리했다. 그래서 물어보았다.

"그래서 그 노트 필기 봐? 얼마나 자주 보는데?"라고 묻자, 그 친구는 대답했다.

"솔직히 안 봐요. 그냥 제 만족인 것 같아요. 그래도 정리한 게 어디예요? 너무 뿌듯해요."

공책 서너 권에 노트 정리를 열심히 했건만 보지 않는 아이… 누구를 위해 정리하는 것일까?

1. 만능 노트의 힘

나는 코칭 하는 학생의 성격을 잘 안다. 노트 정리를 잘하는데 보지는 않는 친구에게 권해 주었던 것은 '만능 노트'였다. 만능 노트는 말 그대로 만능이다. 하나의 과목에 국한되지 않고 수학 공식이든, 역사 연표든, 과학 개념이든, 그날 '기억하고 싶은 모든 것'을 한 곳에 정리하도록 했다. 그리고 쉬는 시간이나 자투리 시간을 이용해서 보게 했다. 자주 노트를 들여다보지 않는 친구들에게 이 노트 하나에 잘 안 외워지는 수학 공식이나 어려운 단어들을 정리하게 했다.

여기서 주의해야 할 점은 너무 길게 적지 않는 것이다. 짧은 요약이어도 좋다. 꼭 노트가 아니어도 좋고 작은 수첩이어도 좋다. 대신, 하루에 한 번 쓴 것을 꼭 훑어보게 했다. 노트를 펼치는 순간 내가 지나온 학습의 흐름이 한눈에 들어오고, 복습의 출발점이 자연스럽게 생긴다.

2. 필사의 힘

지금 우리는 모든 것이 너무 빠르게 흘러가는 시대에 살고 있다. 키보드 몇 번 두드리면 수십 줄의 문장이 순식간에 완성되고, 복사와 붙여넣기만으로도 '완벽한' 결과물을 만들 수 있다. 하지만 편리함이 학습의 깊이를 대신해 줄 수는 없다. 손으로 쓰는 시간은 느리고 때로는 '이걸 왜 해야 하지?'라는 생각이 들기도 한다. 그러나 그 느린 시간이야말로 기억을 만드는 시간이며, 그 시간이 쌓일수록 지식은 진짜 '나의 것'이 된다.

피아노 연주자가 수많은 악보를 손끝으로 익히듯, 학생들 또한 손끝을 통해 사고하고, 이해하고, 기억한다. 나 역시 학생들을 가르치며 필사를 꾸준히 해왔다. 영어 본문을 손으로 쓰고, 외우는 것을 훈련하고 있다. 어느 날 한 제자가 쓴 편지에 이런 문장이 있었다.

"선생님, 저에게 무쇠 팔을 선물해 주셔서 감사합니다."

무쇠 다리도 아니고 무쇠 팔이라니. 한참 웃었지만, 나는 알았다. 그 무쇠 팔은 그녀가 감내한 인내의 시간만큼 단단해졌다는 것을.

필사는 단순히 따라 쓰기가 아니다. 그것은 내 머릿속에 지식을 새기는 가장 간단하고도 강력한 집중 훈련이며, 손과 뇌가 함께 움직여 기억을 예술처럼 빚어가는 과정이다. 뇌과학에 따르면, 손으로 쓰는 행위는 전두엽, 운동 피질, 해마를 동시에 자극한다. 특히 해마는 기억을 저장하는 핵심 기관으로 필사를 통해 더욱 활성화된다.

또한 필사는 내가 무엇을 알고, 무엇을 모르는지를 깨닫게 해 주는 메타인지 능력을 높여준다. 교과서 개념을 필사할 때는 '자신만의 언어'로 바꾸어 적으면 효과가 크다. 자주 틀리는 문제의 해설을 필사하는 것도 좋은 방법이다. 손으로 쓰는 동안 모르는 부분을 자연스럽게 복습하게 되고, 원리와 개념이 구조화된다. 영어 문장이나 시를 필사하면 문장 구조, 리듬, 의미가 몸에 스며든다. 여기에 필사 후 내용을 소리 내어 읽으면, 운동 기억과 언어 자극이 동시에 작동해 훨씬 오래 기억에 남는다.

이런 이유로 나는 학원에서 영어 원서 필사 숙제를 낸다. 원서 속 문장은 단순한 교과서 문장보다 더 생생하고, 실제 영어권에서 쓰이는 표현과 문장 구조를 담고 있다. 학생들이 원서의 문장을 한 줄씩 필사하다 보면, 자연스럽게 어휘와 문법 패턴이 눈과 손과 입을 거쳐 몸에 배게 된다. 단어 하나, 문장 부호 하나까지 직접 써 보며 익히는 과정에서 '읽기'가 '쓰기'와 연결되고, 결국 '말하기'와 '쓰기' 능력까지 확장된다. 필사는 느리고 수고로운 길처럼 보이지만, 그 과정을 견디고 나면 영어가 훨씬 더 오래, 깊게, 그리고 살아 있는 지식으로 남게 된다.

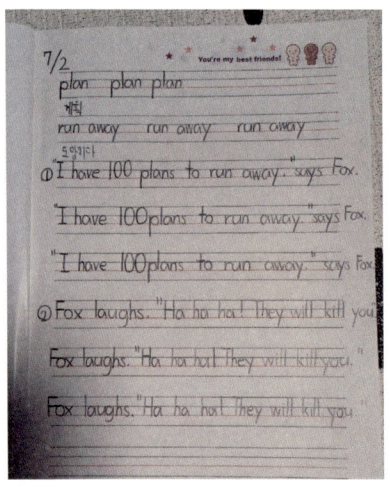 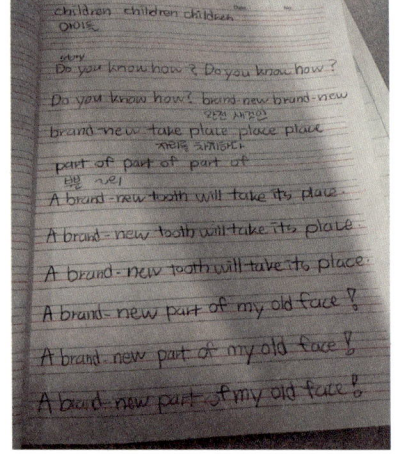

2

공부가 진짜 내 것이 되려면

공부가 진짜 내 것이 되려면 정교화 역량이 갖추어져 있어야 한다.

정교화(elaboration)란 새로운 정보를 기존의 지식이나 경험과 연결하여 더 깊이 이해하고 오래 기억하도록 만드는 과정이다. 단순히 '외우는 것'에 그치지 않고, 맥락을 덧붙이고 의미를 확장해 지식을 단단하게 고정하는 학습 전략이다. 정교화를 거친 지식은 단편적인 정보에서 벗어나 서로 연결된 의미망 속에서 살아 움직인다.

공부는 나무를 심는 일과 닮아 있다. 처음에는 가느다란 줄기 하나가 자리 잡고, 시간이 지나면서 가지가 뻗고 잎이 피어난다. 하지만 그 나무가 무성하게 자라려면 물과 햇빛, 그리고 정성스러운 보살핌이 필요하다.

학습도 마찬가지다. 하나의 개념을 배웠다면, 그 개념 위에 살을 붙이고, 맥락을 연결하며, 의미를 채워 넣는 과정이 있어야 한다. 그래야만 지식이 튼튼하게 뿌리내릴 수 있다. 이것이 바로 '정교화'다.

정교화는 머릿속에 흩어져 있는 지식의 '섬'들을 이어 하나의 '대륙'으로 만드는 과정이다. 세상에는 '많이 아는 사람'과 '깊이 아는 사람'이 있는데, 정교화는 단순한 '양'을 '깊이'로 바꿔주는 마법과 같다. 깊이 있는 지식은 금세 사라지지 않고, 오랫동안 기억 속에 남아 우리의 자산이 된다.

개념부터 파악하자 - 정교화의 출발점은 '개념 이해'

정교화 능력을 높이기 위해서는 무엇보다 개념이 명확히 정립되어 있어야 한다. 개념은 여러 사물이나 현상에 대한 일반적인 지식으로, 학습의 기초를 이루는 핵심 요소다. 개념을 정확히 이해하지 못하면, 이후 학습에서 내용 간의 연결을 시도하는 정교화가 올바르게 이루어질 수 없다.

잘못된 개념은 잘못된 이해와 적용으로 이어지고, 결국 비효율적인 학습 습관으로 굳어지기 쉽다. 또한, 개념이 제대로 잡혀 있지 않으면 문제 상황이 조금만 변해도 전혀 다른 문제처럼 느껴지며, 문제 해결 능력에도 혼란을 초래한다.

학습 중 핵심어를 접했을 때 그 단어의 사전적 의미, 지시적 의미, 그리고 문맥 속 의미를 빠르게 파악하지 못한다면, 그 개념은 온전히 자기 것이 되었다고 보기 어렵다. 이처럼 개념이 확실하지 않으면, 그 위에 어떤 내용도 '정교하게' 쌓아 올릴 수 없다.

결국, 개념이 바로 서야 정교화가 가능하고, 정교화가 이루어져야 누적 학습과 완전 학습도 가능해진다. 따라서 학습의 출발점은 언제나 '개념'부터다.

정교화 전략

1. 예시와 반 예시를 찾아라.

개념을 제대로 안다는 것은 그 개념이 어디까지를 포함하고 어디부터는 아니라는 것을 구별할 수 있다는 뜻이다. 예를 들어 '포유류'라는 개념을 떠올려 보자. 고양이, 개, 사람은 포유류의 대표적인 예시이다. 그러나 '파충류'인 거북이를 포유류로 착각하는 아이들이 있다. 이는 반 예시를 통해 정리되지 않았기 때문이다. 예와 반례를 나란히 두고 비교해 보면, 개념의 경계가 훨씬 선명해진다.

2. 비교하고 대조하라.

비슷한 개념일수록 더 구분해서 살펴봐야 한다. 헷갈리는 개념을 정리하는 가장 좋은 방법은 나란히 놓고 비교해 보는 것이다. 예를 들어 '속도'와 '가속도', '열'과 '온도', '소수'와 '분수'는 비슷해 보이지만 다 다른 개념이다. 이처럼 유사한 개념들을 비교 대조해 보면, 각각의 개념이 가진 고유한 특성과 용도를 분명히 이해할 수 있다.

3. 사례와 연결하라.

현실과 연결되지 않는 개념은 쉽게 사라진다. 진짜 이해는 삶의 맥락 속에서 이루어진다.

'기체는 온도가 높아질수록 팽창한다.'라는 개념을 배우고 나서, 압력밥솥의 원리를 연결해 보는 것, 페트병이 더운 날 부풀어 올랐던 경험을 연결해 개념을 구체화한다면 이해를 강화하는 최고의 전략이 될 수 있다.

4. 비유로 설명해 보라.

추상적인 개념은 비유로 생명을 얻는다. '속도'와 '가속도'를 비유를 들어 보면 속도는 100m 달리기 선수가 일정한 속도로 달리는 것을, 가속도는 마라톤 선수가 처음에는 느리게 출발했다가 중반부터 속도를 올리는 것을 예시로 들어볼 수 있다. 그렇다면 이해가 훨씬 쉬워질 것이다.

5. 다른 과목이나 분야와 연결하라(융합적 정교화).

배운 개념을 타 교과, 취미, 관심사와 연결한다면 융합적 정교화 능력이 높아진다. 예를 들어 미술 시간에 그린 문양 작품 속 대칭 구조를 찾아볼 때 미술과 수학을 융합할 수 있다.

③

공부가 머릿속에 착착 정리되는 비법

분명 어제 열심히 공부를 했다고 생각했는데 시험지를 펼쳐 든 순간 머릿속은 백지가 된 듯 기억이 나지 않는다. 어제 외운 단어는 머릿속에 온데간데없고 가물가물하다. 책을 읽기는 했는데 도통 무슨 내용인지 기억나지 않는다.

이런 경험은 누구에게나 익숙하다. 문제는 조직화되지 않은 공부 방식에 있다. 우리는 하루에도 수많은 정보를 접한다. 학교 교과서, 학원 문제집, 학습지, 온라인 강의 등등 쏟아지는 정보의 바닷속에서 단순히 많이 본다고 기억되는 것은 아니다. 개념이 바로 서 있다면 그다음부터는 그 정보들은 어떻게 정리하고 연결하고 구조화할지를 생각해 보아야 한다.

공부가 오래가려면 '정리'가 필요하다. 예쁜 노트에 예쁜 글씨로 정리하라는 말이 아니다. 나에게 들어온 지식을 비교하고, 분류하고, 질문을 던지는 이 모든 것이 조직화의 핵심이다.

새로운 지식을 조직화하기 위해 '스키마'가 있으면 훨씬 유리하다. 분명히 설명을 듣고, 예시를 보았는데도 잘 이해되지 않는 정보가 있는 반면, 어떤 설명은 한 번만 봐도 쏙쏙 이해되고 오래 남는다. 그 차이가 무엇일까? 그 차이는 바로 '스키마'의 유무이다.

스키마란 무엇일까? 스키마란 뇌 안에 있는 '지식의 틀' 즉, 머릿속에 이미 존재하는 '지식 지도'이다. 배경지식을 말한다. 만약 '계절'에 대한 스키마를 가지고 있다면 봄, 여름, 가을, 겨울이라는 단어를 단순히 이름만 아는 것이 아니라 그 계절의 특징, 기온 변화까지도 스스로 조직화할 수 있다.

스키마가 없으면 기억은 흩어지고, 조직화가 없으면 지식은 자라나지 않는다. 공부를 잘하고 싶다면 머릿속에 스키마를 만들고 그 위에 지식을 잘 정리해 두는 연습부터 하자.

조직화 능력 향상 전략 여덟 가지

1. 방 정리 습관 들이기 – 실생활 속 조직화 연습

책상 위, 서랍, 옷장, 책장 등을 정해진 기준에 따라 정리해 보는 것도 조직화 능력을 향상시킨다. 자주 쓰는 물건, 가끔 쓰는 물건, 안 쓰는 물건으로 분류한 후 위를 지정해 보자. 자신만의 정리 기준을 정하고 분류를 하면서 자연스럽게 조직화 능력이 향상된다.

예시) '필기구는 오른쪽 서랍, 참고서는 왼쪽 책장, 일기장은 침대 옆 서랍'

2. 청킹(chunking) 전략 익히기 - 정보를 덩어리로 묶는 힘

청킹은 관련 있는 정보들을 작은 묶음(chunk)으로 나누어 기억하거나 이해하는 방법이다. 청킹 전략은 많은 내용을 덩어리로 나누기 때문에 기억의 부담을 줄여준다. 전화번호처럼 끊어서 외우거나 앞 글자만 따서 새로운 단어나 문장을 만드는 것도 청킹에 해당한다.

예시) 아래 12개의 단어를 3개의 덩어리로 묶어보기

happy, sad, angry, chair, table, bed, apple, orange, banana, sofa, scared, tired

→

- 감정: happy, sad, angry, scared, tired
- 가구: chair, table, bed, sofa
- 과일: apple, orange, banana

3. 개요 및 목차 작성하기 - 구조를 먼저 보는 눈

읽거나 들은 내용을 '큰 제목(3~5개의 큰 줄기)'에서 '작은 제목(세부 내용)' 순으로 정리하는 습관을 들여보자. 틀을 먼저 잡아두면 복잡한 내용도 가지를 뻗는 나무처럼 한눈에 연결되어 보인다.

예시)

큰 제목: 환경 오염 단원 정리

- 환경 오염의 개념
- 주요 원인

- 종류(공기/물/토양)
- 문제점
- 해결 방안

작은 제목: 종류(공기/물/토양)
- 공기 오염: 미세먼지, 온실가스, 산성비
- 물 오염: 생활 폐수, 공장 오염수
- 토양 오염: 쓰레기 매립, 농약

4. 도식화 · 마인드맵 활용하기 – 생각의 시각화

도식화와 마인드맵을 이용해 정보를 시각적으로 구조화해 볼 수 있다. 도식화는 정보를 도형·그림·표·흐름도·비교표 등으로 나타내어 관계와 구조를 시각화하는 전략이다. 마인드맵은 중심 주제를 가운데 두고, 가지처럼 뻗어 나가며 연결된 정보를 정리하는 사고 도구를 말한다.

도식화 예시   마인드맵 예시

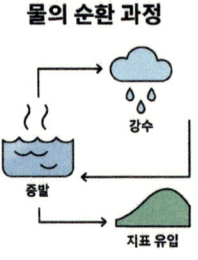
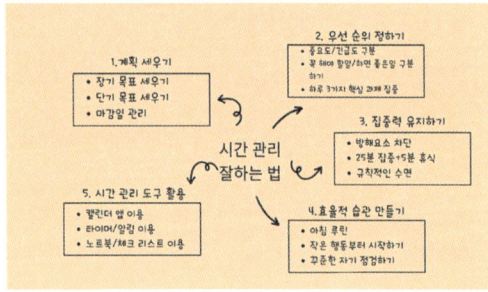

5. 계열화 훈련하기 - 순서를 따라가는 사고의 틀

사건이나 절차의 흐름을 시간이나 단계 순으로 배열하면 전체 맥락이 직관적으로 드러난다. 이렇게 정리된 흐름은 학습 내용의 이해뿐 아니라 기억에도 오래 남는다.

예시) "식물의 성장 과정"을 1단계~5단계로 정리해 보기

6. 비교 정리하기 - 차이점과 공통점을 한눈에

비교 정리하기는 서로 다른 개념을 나란히 놓고 차이점과 공통점을 분석하는 활동이다. 유사한 개념을 비교하면서 이해가 더 깊어진다.

예시) "직류 vs 교류", "소설 vs 수필"을 비교표로 정리

7. 말로 설명하기 - 사고를 언어로 풀어내는 원리

배운 내용을 친구나 가족에게 설명하면서 스스로 정리해 본다. 이 과정을 통해 머릿속에 있던 지식이 구조화된다.

예시) "오늘 배운 역사 내용 3분 동안 엄마에게 설명하기"

8. 스키마 확장하기 - 새로운 지식과 연결하는 법

스키마 확장은 새로운 지식을 기존 지식에 연결하며, "이건 전에 배운 ○○○과 연결돼!"라는 연결 고리를 찾는 습관을 기르는 것이다. 이 습관은 새

로운 내용을 단순히 외우는 데 그치지 않고, 오래 기억하고 더 깊이 이해하는 힘을 키워 준다.

예시) 환경 오염 단원을 배울 때, 지난번 배운 기후 변화 내용과 연결

④
머리에만 두면 반쪽 공부,
꺼내야 완성된다

'안다'와 '설명할 수 있다'의 차이
– 시연이 진짜 학습이다

우리는 종종 이렇게 말하곤 한다.

"그건 나도 알아."

그런데 정말 '안다'는 것은 어떤 상태일까?
누군가 그 개념이 무엇인지, 왜 그렇게 되는지, 예를 들어 설명해 보라고 요청했을 때, 머릿속이 하얘진다면 그것은 '안다'고 말할 수 없다. 단지 눈으로 보고, 귀로 들은 기억의 흔적일 뿐이다.

진짜 아는 것은 설명할 수 있는 것이다.
공부한 내용을 자기 말로 설명할 수 있을 때, 우리는 그것을 이해했고, 구조화했으며, 자기 것으로 만들었다고 말할 수 있다. 수학 개념을 말로 풀어 설명하고, 역사적 사건의 흐름을 시간순으로 정리하며, 영어 문법을 친구에게 가르칠 수 있다면 그 지식은 더 이상 외운 정보가 아니라 활용 가능한 지혜가 된다.

이 과정을 '시연'이라고 한다.

단순히 입력하는 것이 아니라 출력하는 학습, 바로 시연은 가장 강력한 기억 강화 방법이다. 듣고, 읽고, 쓰고, 말해 보는 4단계 학습을 넘어, 누군가에게 가르쳐보는 경험은 학습의 정점을 찍는다. 설명하는 과정에서 우리는 정보를 재구성하고, 핵심을 뽑아내며, 예시를 만들어 내는 훈련을 하게 된다. 이 모든 과정이 두뇌 속에 강한 회로를 만들며, 오랫동안 사라지지 않는 기억으로 자리 잡게 한다.

우리 교회 여목사님은 단 한 장의 PPT 없이도 깊은 설교를 이끌어가신다. 성경 구절 하나하나를 단지 외우신 것이 아니라, 머릿속에 성경 전체가 지도처럼 연결되어 있기 때문이다. 어느 본문이 어떤 문맥 속에서 등장하고, 그 말씀이 왜 중요한지 구조적으로 이해하고 계신 것이다. 이것이 바로 시연 능력이다. 말할 수 있고, 연결 지어 설명할 수 있는 힘.

시연 능력은 곧 응용력으로 이어진다. 누군가가 이해하지 못하는 설명을 듣고 있을 때, 우리는 그 사람의 눈높이에 맞춰 예시를 바꾸고, 방식도 바꾸며 다시 설명한다. 이 과정에서 단순한 지식은 살아 움직이는 도구가 된다. 시험 문제든, 실생활 문제든, 상황에 따라 적절히 변형하고 적용하는 응용력은 설명하는 훈련 속에서 자라난다.

학습은 지식의 축적이 아니라, 지식의 전달과 활용이다.
'안다'에서 멈추지 말고, '설명할 수 있는 사람'으로 성장하자.
그 순간, 우리는 더 이상 배운 내용을 '잊어버리는 사람'이 아니라, 남에게 길을 비춰줄 수 있는 사람이 되어 있을 것이다.

시연 능력을 높이는 여섯 가지 전략

1. 자기 말로 바꾸어 설명하기

배운 내용을 자기 말로 바꾸어 설명하면 이해가 훨씬 깊어진다. 책에 나온 문장을 그대로 옮기는 것이 아니라, 자기 언어로 다시 표현하면서 설명하는 것이다. 예를 들어 속도를 "시간당 이동 거리"라고 외우는 대신 "얼마나 빨리 움직이는지를 숫자로 나타낸 것"이라고 말하면 개념을 더 분명히 이해하고, 다른 상황에도 응용할 수 있는 힘을 기르게 된다.

2. 공책이나 화이트보드에 말하듯 정리하기

공책이나 화이트보드에 글을 쓰듯 단순히 기록하는 것이 아니라, 설명하듯 풀어 스스로에게 말하듯 적어나가면 개념이 머릿속에 오래 남는다. 글과 말을 동시에 활용하기 때문에 학습 내용이 더 확실히 기억 속에 자리 잡는다.

3. 가상의 청중 앞에서 가르쳐보기

가상의 청중 앞에서 가르쳐 보면 배운 지식을 더욱 확실히 다질 수 있다. "내가 선생님이다."라는 마음으로 인형이나 거울 속 자신, 혹은 가족이나 친구를 대상으로 설명해 보는 이 과정은 단순히 암기에 그치지 않고, 개념을 입체적으로 이해하게 도와준다. 가르치는 행위 자체가 곧 학습을 심화시키는 강력한 방법이 된다.

4. 파인만 테크닉 활용하기

파인만 테크닉(Feynman Technique)은 노벨 물리학상 수상자 리처드 파인만이 자주 사용하던 '설명하며 배우는 공부법'이다. 배우고 싶은 개념을 하나 정하고, 그 개념을 아주 쉽게 설명해 본다. 설명이 막히거나 애매한 부분은 보완한 후, 다시 설명을 시도해 본다. 마지막으로 다시 단순화하면서 복잡한 설명을 걷어내고 핵심만 남기는 기법이다. 이 기법은 깊은 이해, 빈틈 발견, 응용력 강화, 장기 기억, 자신감 등의 효과를 가져올 수 있다.

5. 설명 후 피드백 받고 개선하기

설명 후에는 "내 말이 이해됐어?", "어떤 부분이 어려웠어?"와 같은 질문을 통해 상대의 반응을 들을 수 있다. 이런 과정을 거치면 다양한 표현을 고민하게 되고, 응용력도 점점 늘어나게 된다.

6. 말하기 대회에 참가해 보기

학습한 내용을 주제로 말하기 대회에 참가해 실제 청중 앞에서 발표하는 경험은 발표를 준비하는 과정에서 개념이 구조화되고, 나아가 말하는 자신감과 성취감까지 얻을 수 있다.

"말하기 대회는 시연 능력을 극대화하는 최고의 실전 무대이다."

5

생각의 주인이 되는 마지막 기술

나는 학원 아이들이 중간고사, 기말고사를 보면 늘 하는 일이 있다. 바로 시험지를 분석하는 일이다.

아는 데 틀렸는지, 정말 몰라서 틀렸는지, 난이도가 높았는지를 돌아보는 시간을 갖는다. 그런데 시험지를 다시 들고 오라고 하면 여러 반응들이 나온다.

"선생님, 이제 다시는 시험지 보기도 싫어요. 너무 하신 것 아닌가요?"
"시험지 학교에서 걷어갔어요."

우리는 본능적으로 실수를 싫어한다. 틀린 문제를 보면 떠올리기 싫어 빨리 덮어버리고 싶어 한다. 그리고 타인에게 자신의 실수를 들키고 싶어하지 않는다.

그러나 학습에서 실수는 피해야 할 적이 아니라, 가장 값진 스승이다. 생각을 바꾸면 행동이 바뀐다. 오히려 실수 속에는 내가 무엇을 모르는지, 어떤 습관이 발목을 잡는지에 대한 단서가 숨어 있다. 실수를 그냥 넘어가면 그 단서를 놓치는 것이고, 똑같은 함정을 또 만나게 된다. 하지만 실수를 직시하고 원인을 찾아내면, 그 순간 실수는 '성장 포인트'로 바뀐다.

공부에서 메타인지가 중요한 이유도 바로 여기에 있다. 실수를 회피하는 마음을 넘어서,

"왜 틀렸는가?"
"어디서 막혔는가?"
"다음에는 어떻게 다르게 할 수 있는가?"

이 세 가지를 스스로 묻는 순간, 우리는 같은 문제를 반복하지 않는 방향으로 나아간다.

메타인지(Metacognition)란 이렇게 자신의 인지 과정을 스스로 인식하고 조절하는 능력을 말한다. 좀 더 풀어쓰면, 내가 지금 무엇을 알고 있고, 무엇을 모르는지를 아는 것, 자기 인식과도 연결이 되는 개념이며, 공부할 때 어떤 전략이 효과적인지 선택하고 점검하는 자기조절과도 관련이 있다.

결국, 실수를 대하는 태도가 학습의 깊이를 결정한다. 실수를 숨기면 일시적인 편안함을 얻지만, 실수를 분석하면 평생의 실력을 얻게 된다.

핑계인지 진짜인지 모르겠지만 대부분의 학생들은 자신을 돌아보는 것을

싫어한다. 아니 귀찮아한다. 그런데 시험지를 들고 와서 꼭 분석하는 학생도 있다.

공부를 한다는 것은 단지 지식을 쌓는 것이 아니다. 그것은 나 자신을 알아가는 여정이기도 하다.

메타인지는 이렇게 자신이 무엇을 알고 모르는지 파악하는 것으로 학습이나 의사 결정의 정확도를 평가하는 과정이다. 메타인지 역량은 스스로 관찰할 수 있는 전략으로, 자신이 가지고 있는 지식의 질과 양에 대한 평가를 스스로 하는 과정이다.

"너 자신을 알라." 소크라테스의 이 한마디는 2000년이 지난 지금도 유효하다. 이 격언은 단순히 자기 이해를 넘어서 스스로를 바라보는 '깊은 성찰'의 시작점이 된다.

많은 학생들이 공부를 열심히 한다. 하지만 열심히 하는 것만으로는 부족하다. 방향을 모르고 뛰는 사람보다, 방향을 알고 걷는 사람이 더 멀리 가는 법이다. 내가 왜 이 공부를 하고 있는지, 지금의 방식이 효과적인지, 나에게 필요한 것은 무엇인지 묻고 답할 수 있어야 한다.

소크라테스는 "나는 내가 아무것도 모른다는 것을 안다."라고 말했다. 이는 무지에 대한 인정이 아니라, 자신의 무지를 자각할 수 있는 사람만이 진짜 앎에 이를 수 있다는 통찰이다. 진짜 공부는 내가 무엇을 모르는지 깨닫는 순간, 시작된다.

학습을 성장으로 바꾸는 메타인지 다섯 가지 전략

1. 목표 똑 부러지게 세우기

"이번 공부에서 나는 무엇을 배우려고 하는가?"

학습 전에 목표를 똑 부러지게 정해본다. '영어 문법 공부'가 아닌 'to 부정사와 동명사를 목적어로 취하는 동사 확실히 구분하기'처럼 구체적으로 목표를 세우고, 자신이 알고 있는 것과 모르는 것을 구분해 본다. 이를 통해 공부 방향을 명확히 하고, 필요한 전략을 선택할 수 있다

예시) 오늘 공부할 내용을 미리 훑어보고 "내가 잘 아는 부분과 모르는 부분은?"을 질문해 본다.

활용 도구: KWL 차트(Know–Want to know–Learned)

- Know: to 부정사와 동명사의 개념
- Want to know: to 부정사를 목적어로 취하는 동사. 동명사를 목적어로 취하는 동사 확실히 알고 싶다.
- Learned: 오늘 목표한 대로 to 부정사를 목적어로 취하는 동사와 동명사 목적어를 취하는 동사들을 확실히 암기하게 되었다.

K What I Know	W What I Want to Know	L What I Learned

2. 모니터링으로 자율 체크하기

"지금 내가 잘 이해하고 있는가?"

공부할 때, 제일 위험한 것은 '모르는 것을 모르는 상태'이다. 안다고 착각하고 그냥 무작정 공부를 이어가는 것은 정말 위험하다. 그러므로 공부하는 중간에도 스스로에게 계속 질문을 던져 봐야 한다. 집중이 흐트러지진 않았는지, 이해가 안 되는 부분은 무엇인지 스스로 점검하면서 공부하면 효율이 높아진다.

예시) 이해되지 않는 부분에 별표 표시하고, 끝난 후 다시 보기

활용 도구: 자율 체크리스트 / 집중 타이머(25분+5분 휴식)

집중력이 흐트러지지 않도록 유지하는 방법으로 타이머를 이용하는 방법이 있다.

- 목표 시간을 먼저 설정한다. 처음에는 15분~25분으로 짧게 설정하고, 익숙해지면 차차 늘려 나간다.
- 공부를 시작할 때 타이머를 '시작'한다.
- 타이머가 도는 시간 동안은 '완벽한 집중'을 목표로 한다.
- 목표 달성 후 3~5분간 휴식하고 다시 목표 시간 설정 후 반복한다.

3. 자기 설명 – 배운 것을 말로 풀어보기

"내가 이걸 친구에게 설명할 수 있을까?"

공부한 내용을 자신의 말로 설명해 보는 것은 가장 강력한 메타인지 전략 중 하나이다. 선생님들이 개념을 잘 알고 있는 이유는 학생들을 상대로 수없이 설명해 보았기 때문일 것이다. 이는 시연 능력과도 이어지는 내용이다. '말할 수 없다면 모르는 것이다.'라는 말처럼, 설명해 보면 내가 이해를 잘하고 있는지가 분명히 드러난다.

예시) 노트에 중요한 개념을 요약한 뒤 누군가에게 가르치듯 말해 보기, 문법 설명을 누군가에게 가르치듯 설명하며 녹음해 보기

4. 피드백 – 실수에서 배우기

실수는 불편하지만, 그 안에는 배움의 '씨앗'이 숨어 있다. 그 씨앗을 그냥 버릴지, 아니면 키워낼지는 나의 선택이다. 즉, 공부에서 틀린 문제는 단순히 '정답이 아닌 것'이 아니라, 내 약점을 알려주는 신호인 것이다. 이 신호를 잘 알아차려서 틀린 원인을 찾아내고, 실수를 하지 않을 방법을 세우는

것이 중요하다.

1단계: 오답 원인 분석하기

- 개념을 잘못 이해했는지?

- 문제를 잘못 읽었는지?

- 계산 실수나 부주의 때문인지?

- 시간 부족 때문에 대충 풀었는지?

2단계: 대응 전략 세우기

- 개념 잘못 이해 → 교과서/노트로 개념 복습하기

- 문제 해석 오류 → 문제에서 키워드 표시하는 습관 만들기

- 계산 실수 → 단계별로 검산하는 연습 추가

- 시간 부족 → 제한 시간 내 풀기 훈련

3단계: 오답 노트 작성하기

틀린 문제 옆에 틀린 이유, 다음에 할 방법을 구체적으로 적는다.

예시) "분수 약분을 놓침 → 다음에는 계산 후 약분 여부 확인하기"

4단계: "왜?" 질문 3회 반복하기

"왜 틀렸지?" → "왜 그 생각을 했지?" → "다음엔 어떻게 다르게 할까?"

이렇게 세 번 이상 파고들면 문제의 표면적인 이유가 아니라, 근본 원인을 발견할 수 있다.

5. 조절 – 공부 전략 바꾸기
"지금 공부 방법이 나에게 맞는가?"

자신의 공부 방법을 되돌아보고, 더 효과적인 방식으로 바꾸는 유연성이 메타인지의 핵심이다. 한 가지 방법만 고수하지 말고, 자신에게 맞는 방식을 찾아가는 과정이 필요하다.

예시) 문제를 많이 풀어도 성적이 오르지 않는다면, 개념 정리 → 요약 → 문제 풀이 순으로 전략 바꿔보기
활용 도구: 학습 포트폴리오 / 주간 학습 리뷰

실패 없는 인생은 없다. 성장은 실패를 통해 이루어지는 경우가 많다. 공부는 내가 모르는 것을 알게 되는 순간을 만들어 내는 것이다. 그런데 실수하는 것을 두려워하는 친구들이 있다. 모르면 모른다고 말할 수 있는 용기가 나를 더 멋진 어른으로 자라게 한다.

메타인지는 단순히 공부만을 위해 필요한 것이 아니다. 공부를 넘어 삶 전체에 적용할 수 있는 강력한 내비게이션이다. 어떤 관계에서 상처받았을 때, "왜 저 사람이 그랬을까?"가 아니라 "나는 왜 그렇게 반응했을까?"라고 묻는 사람이 더 성숙한 사람이다. 실패했을 때에도 "나는 안돼."가 아니라

"내가 뭘 놓쳤을까?"라고 묻는 사람은 실패를 자산으로 만들 수 있다.

  1) 나는 지금 어디쯤 와 있는가?
  2) 나는 무엇을 알고, 무엇을 모르는가?
  3) 다음엔 어떻게 하면 더 나아질 수 있는가?

나에게 이렇게 세 가지 질문을 던져 보자. 이제 외부의 정답이 아니라 내가 갖고 싶은 삶을 위해 내 안의 물음표에 귀를 기울이자.